JN485499

AI Index, 인공지능지수

인공지능총서

인공지능 시대입니다. 기계가 인간의 인지를 대신하고, 사물이 인간을 통하지 않고 다른 사물과 직접 커뮤니케이션합니다. 이에 따른 인간 삶과 문명 변화를 정확히 이해·예측·대응하는 것은 이 시대 우리 모두의 과제입니다. 인공지능총서는 인공지능 기술과 환경의 여러 주제를 10가지 키워드로 정리합니다. 관련 개념과 이론, 학계와 산업계의 쟁점, 우리 일상의 변화를 다룹니다. 인간과 기술의 현재, 미래를 세심히 분석합니다.

일러두기

- 인명, 작품명, 저서명, 개념어 등은 한글과 함께 괄호 안에 해당 국가의 원어를 병기했습니다.
- 외래어 표기는 현행 어문규정의 외래어표기법을 따랐습니다.

AI Index, 인공지능지수

정용찬

대한민국, 서울, 커뮤니케이션북스, 2025

AI Index, 인공지능지수

지은이 정용찬
펴낸이 박영률

초판 1쇄 펴낸날 2025년 3월 23일

커뮤니케이션북스(주)
출판 등록 2007년 8월 17일 제313-2007-000166호
02880 서울시 성북구 성북로 5-11
전화(02) 7474 001, 팩스(02) 736 5047
commbooks@commbooks.com
www.commbooks.com

이 책은 커뮤니케이션북스(주)가 저작권자와 계약해 발행했습니다.
본사의 서면 허락 없이는 어떠한 형태나 수단으로도
이 책의 내용을 이용할 수 없음을 알려드립니다.

© 정용찬, 2025

ISBN 979-11-7307-635-0 03500

책값은 뒤표지에 표시되어 있습니다.

차례

인공지능 시대, 준비되어 있는가?

소프트뱅크 손정의 회장이 2019년 여름 청와대를 방문해 "앞으로 한국이 집중해야 할 것은 첫째도 인공지능, 둘째도 인공지능, 셋째도 인공지능이다"라고 대통령에게 강조할 때만 해도 인공지능은 일반 시민과는 다소 거리가 먼 일로 여겨졌다. 하지만 생성형 AI인 챗GPT의 등장으로 인공지능은 우리 일상이 되었다. 수시로 사용하는 생성형 AI 검색 엔진뿐 아니라 음식점의 서빙 로봇과 금융기관의 음성 인식 챗봇에 이르기까지 인공지능은 빠른 속도로 확산되고 있다. 우리 정부도 전 국민의 AI 일상화를 선언하고 복지와 건강, 교육 분야에 인공지능 기술을 확산하기 위해 힘을 쏟고 있다.

새로운 기술의 등장은 사람들에게 편리함을 선물하지만 동시에 신기술을 잘 이해하고 있는지, 시대 흐름에 뒤처지는 것은 아닌지 하는 우려도 불러온다. 이런 걱정이 드는 것은 개인뿐 아니라 기업과 국가도 마찬가지다. 개인이 혹은 국가가 인공지능 시대에 필요한 역량을 갖추고 있는지, 인공지능을 얼마나 잘 이해하고 있는지에 대한 궁금함이 자연스럽게 제기되는 상황이다. 인공지능에 대한 경쟁력이야말로 미래 생존 경쟁에서 살아남기 위한 필수 요소기 때문이다.

왜 인공지능지수인가

경영학의 대가 피터 드러커는 "측정할 수 없는 것은 관리할 수 없다"는 명언을 남겼다. 과목별 점수가 적힌 성적표가 없다면 학생 스스로 자신의 상황을 정확하게 판단하기 어려운 것처럼, 자동차에 계기판이 없다면 운전자가 안전 운전을 하기 힘든 것처럼 인공지능 시대에 이와 관련된 수치 정보는 개인이나 국가가 자신의 상태를 정확히 파악하고 무엇을 준비해야 할지를 결정할 수 있는 나침반 역할을 한다.

GDP(Gross Domestic Product, 국내총생산)가 국가의 현재 경제 규모를 한눈에 파악할 수 있도록 만들어진 지표라면 인공지능지수는 앞으로 도래할 시대를 대비하여 얼마나 잘 준비하고 있는지를 나타내는 미래 지표라 할 수 있다.

인공지능지수란 인공지능과 관련된 다양한 측면의 상태를 수치로 나타낸 지표인데 목적에 따라 인공지능 역량을 나타내는 지수도 존재하며, 인공지능 사회를 대비하기 위한 준비 정도를 측정하기 위한 지수도 존재한다. 물론 인공지능 도입으로 인한 위험이나 폐해를 측정하기 위한 지수도 가능하다.

현재까지 개발된 인공지능지수를 살펴보면 AI 준비와 관련된 지수가 가장 많다. 국가의 인공지능 준비도를 측정하는 지수로 옥스퍼드 인사이트의 정부 AI 준비 지수와 IMF의 AI 준비지수가 있다. 기업 차원의 AI 준비도를 평가하는 지수로는 시스코가 개발한 기업 AI 준비 지수가 있다.

AI 역량을 측정하는 지수로는 국가의 종합적 AI 역량을 측정하는 토터스 미디어의 글로벌 AI 지수가 있다. AI 기술 수준과 기술 경쟁력 관점에서 국가별 수준을 측정하는 지수로는 정보통신기획평가원의 인공지능 기술 수준 지수가 있다.

인공지능의 성능이 기대보다 더 빠르게 개선되면서 우려의 목소리도 크다. 2024년 노벨물리학상 수상자인 딥러닝의 아버지 제프리 힌턴 교수는 수상 소감에서 인간의 지능을 초월하는 '초지능'을 구현하는 인공지능이 예상보다 빨리 등장할 것으로 예측하면서 초지능에 대한 우려를 표명했다. 인공지능은 인류에게 큰 기회를 제공하겠지만, 일자리를 위협하고 편견을 불러일으키는 것을 넘어서서 심각한 위험을 초래할 수 있다는 시각이다. 인공지능의 역기능을 측정하는 지수가 역량이나 준비도 지수만큼 중요한 이유가 여기에 있다.

인공지능디지털정책센터가 제시한 AI와 민주적 가치 지수는 인공지능 정책이 민주적 가치와 상충되지 않는지를 측정한다는 점에서 의의가 있다. AI 거버넌스 글로벌 센터가 개발한 책임감 있는 AI 지수도 인공지능 윤리와 신뢰성 측면에서 평가하는 지표라는 점에서 시사하는 바가 크다.

이 책은 다양한 인공지능지수를 통해 인공지능이 지닌 다양한 성격을 이해하고, 한국과 한국 국민의 역량이나 준비도가 어떤 수준인지를 판단하고 약점과 강점을 파악해서 미래 생존 전략을 찾는 데 도움을 주려는 목적으로 만들었다.

인공지능지수를 구성하는 10가지 주제

이 책에서는 인공지능지수를 이해하기 위한 10개의 키워드로 '인공지능과 지수', '스탠포드 AI 지수', '정부 AI 준비 지수', '글로벌 AI 지수', 'IMF AI 준비 지수', '인공지능 기술 수준 지수', '책임감 있는 AI 지수', '인공지능과 민주적 가치 지수', '기업 AI 준비 지수', '인공지능 인식과 이해'를 선정했다.

인공지능지수를 이해하기 위해서는 먼저 '지수'를 이해해야 한다. 우리가 흔히 접하는 물가지수가 서로 다른 시기의 물가를 비교할 수 있도록 만들어진 것처럼 인공지능 역량이나 인공지능으로 인한 위험 등을 다른 나라와 비교할 수 있는 지표를 산출하는 절차와 방법론에 대해 알아보는 것을 인공지능지수 이해의 출발점으로 삼았다.

2장은 미국 스탠포드대학교 인간 중심 AI연구소가 개발한 '스탠포드 AI 지수'를 소개했다. 인공지능에 많은 사람들의 관심이 몰리고 있지만 전문가조차도 AI를 정확히 이해하는 데 어려움을 겪고 있는 현실을 감안해 AI 기술 발전과 기술 개발을 둘러싼 지정학적 역학 관계 등을 포괄해 일반인도 AI를 정확하게 이해할 수 있도록 분석 결과와 함께 검증된 데이터를 제공하고 있는 점이 특징이다. 보고서는 AI가 일부 작업에서는 인간을 능가하지만 모든 작업에서는 그렇지 않음을 역설하면서 미국이 고급 AI 모델 공급을 선도하고 있으며 이에 따라 규제 건수도 증가하고 있다고 밝혔다. 또 생성형 AI 투자가 급증하면서 AI가 과학 발전을 가속화하고 있으며 이에 따라 AI의 잠재적 영향에 대해서 더 잘 이해하고 더 우려하고 있는 것으로도 나타났다.

3장은 '정부 AI 준비 지수'에 대해서 알아보았다. 인공지능 시대를 맞아 정부의 역할이 매우 중요하게 부각되고 있는데, 정부가 시민에게 공공 서비스를 제공하는 데 AI를 활용할 준비가 얼마나 되어 있는지에 대한 궁금증을 해소할 목적으로 옥스퍼드 인사이트가 개발한 정부 AI 준비 지수는 정부, 기술, 데이터 · 인프라 3대 부문, 10대 항목, 39개 세부 지표로 구성해 193개 국가별로 지표를 산출하고 비교한다. 정부 AI 준비 지수는 전 세계를 북미, 라틴 아메리카와 카리브, 서유럽, 동유럽, 중동과 북아프리카, 사하라 이남 아프리카, 남부 및 중앙아시아, 동아시아, 태평양 지역으로 구분해 지역별 특징과 전망을 제시하고 있다.

4장은 영국의 토터스 미디어가 개발한 '글로벌 AI 지수'를 소개했다. AI 역량이란 특정 국가가 지닌 생산적이고 안전하며 공정한 방식으로 인공지능 시스템을 관리하고 유지할 수 있는 능력을 말하는데, 글로벌 AI 지수는 국가가 가진 AI 역량을 이행, 혁신, 투자의 관점에서 평가하고 순위를 매긴다. 글로벌 AI 지수는 3대 영역별 122개의 세부 지표로 구성되어 83개 국가별로 지표를 산출했는데, 국가 AI 역량의 특징을 "정부 활동의 확대, 생성형 AI에 대한 대규모 자본 투자, 컴퓨팅 파워에 대한 접근성"으로 요약했다.

5장은 국제통화기금이 만든 'IMF AI 준비 지수'를 소개했다. IMF AI 준비 지수는 개별 국가의 AI 준비 수준을 디지털 인프라, 인적 자본과 노동 정책, 기술 혁신, 규제와 윤리로 구성된 4대 핵심 요소별로 종합 평가한다. 글로벌 AI 지수가 AI 역량 측정을 위해 벤처 등 투자 관련 항목을 포함한 반면 IMF의 AI 준비 지수는 AI에 대비하기 위한 경제 개방성과 법 제도 준비 측면을 강조한다는 점에서 차이가 있지만 인력, 연구 개발(R&D), 혁신 등 공통 요소도 많다. 2024년 발표한 AI 준비 지수는 4대 영역별 29개의 세부 지표를 활용해 174개 국가별로 지표를 산출하고 비교했다.

AI와 같은 새로운 분야가 나타나면 신기술 개발이 중요한 국가적 과제가 된다. 6장에서는 국가 간 기술 수준을 비교하는 '인공지능 기술 수준 지수'를 소개한다. 한국의 정보통신기획평가원은 매년 한국을 비롯해 미국, 중국 등 주요 국가의 ICT 분야별 기술 수준과 기술 경쟁력을 분석하는 보고서를 발간하는데, 이 보고서에서는 빅데이터, 지능형 반도체를 포함해 인공지능 기술 수준도 분석한다. 한국은 인공지능 분야 기술 수준이 일본보다는 우위에 있지만 중국이나 유럽보다 낮은 것으로 나타났는데, 최근 5년간 변화 추이를 보면 한국의 인공지능 기술 수준이 주요국 중 가장 빠르게 발전하고 있다는 점이 주목할 만하다.

인공지능 기술이 빠르게 발전하면서 동시에 이에 대한 우려의 목소리도 높다. 가짜 뉴스와 딥페이크 등은 인공지능 분야도 적절한 규제와 통제가 필요하다는 점을 시사한다. 인공지능이 내린 결정이 왜 그렇게 되었는지를 설명할 수 있는 '설명 가능한 인공지능'과 함께 인공지능이 인간에게 유익한 방식으로 개발되고 사용하기 위한 실천을 강조하는 '책임감 있는 인공지능'에 대한 관심도 높아지고 있다. 7장에서는 AI 거버넌스 글로벌 센터가 개발한 책임감 있는 AI 지수를 소개한다. 책임감 있는 AI 지수는 책임감 있는 AI 역량, 인권과 AI, 책임감 있는 AI 거버넌스로 구분해 이와 관련된 19개 지표를 활용해 138개 국가의 점수를 산출한다. 인공지능 준비도나 역량에서는 순위가 높았던 한국은 안타깝게도 책임감 있는 AI 지수는 27위로 다소 낮은 순위를 차지했다. 앞으로 이 분야에서 다양한 노력이 필요하다.

특정 국가의 인공지능 정책과 실천이 효율성에만 초점을 둔다면 다양성과 원활한 의사소통을 강조하는 민주적 가치와 조화를 이루지 못할 가능성이 있다. 8장은 인공지능이 민주적 가치와 조화를 이루는지를 측정하기 위해 비영리단체인 인공지능디지털정책센터가 제안한 '인공지능과 민주적 가치 지수'를 살펴본다. 인공지능과 민주적 가치 지수는 국가별로 순위를 매기지는 않고 점수에 따라 5개의 등급으로 구분하는데 한국은 캐나다, 일본, 콜롬비아와 함께 80개 평가 대상 국가 중 최상위인 1등급에 속하는 것으로 나타났다.

국가나 정부도 인공지능 시대에 대한 대비를 해야 하는 주체지만 기업도 예외일 수는 없다. 9장은 개별 기업이 AI에 어떻게 대비하고 있는지, 즉 기업의 AI 준비도를 측정하는 지표인 '시스코의 AI 준비 지수'를 다룬다. 시스코는 미국의 통신장비 제조회사인데 2023년부터 AI 준비 지수를 발표하고 있다. 전 세계 종업원 수 500인 이상 기업 약 8,000개를 대상으로 전략, 인프라, 데이터, 거버넌스, 인재, 문화의 6대 요소별로 기업의 AI 준비도를 측정한다. 준비도 점수에 따라 완전히 준비되어 있는 기업을 선두 주자로, 적당히 준비한 기업은 추격자, 제한적으로 준비된 기업은 추종자, 준비가 덜 된 기업은 후발 주자로 분류한다. 조사 결과 전 세계 기업의 52%가 추종자 또는 후발 주자로 나타났고 14%의 기업만이 선두 주자 그룹에 속해 기업 차원의 준비도 충분하지 않다는 것을 알 수 있다.

최근 생성형 AI 도구가 출시되면서 대중의 관심이 급격히 높아지고 있는데, 높은 관심만큼 대중들이 인공지능에 관해 정확하게 이해하고 있는지도 매우 중요한 사안이다. 10장에서는 '인공지능 인식과 이해'를 다룬다. 글로벌 회사인 보스턴 컨설팅 그룹은 인공지능에 대한 대중의 인식을 파악하기 위해 2023년 전 세계 21개국 국민을 대상으로 챗GPT의 인지도와 이용률에 대한 설문조사를 실시했다. 조사 결과 한국의 챗GPT 인지는 세계 3위로 매우 높았지만 챗GPT를 사용한 경험은 세계 10위로 나타났다. 한국 소비자 중 챗GPT에 대해 들어 봤다고 응답한 한국 소비자는 88%였고, 직접 사용해 본 사람은 26%로 나타났다. 주목할 만한 점은 북미나 서유럽 국가, 즉 지식과 기술에 대한 접근성과 미래에 대한 준비를 갖춘 나라들은 우려가 높게 나타났고 긍정적인 인식이 높은 나라는 중국, 인도네시아, 태국 등으로 나타나 대조를 보였다.

더 살펴볼 주제

대학과 민간 연구소가 다양한 종류의 인공지능 관련 지

수를 개발한 것처럼 국제기구도 인공지능지수 개발에 관심이 많다. OECD는 2023년부터 AI 지수 개발을 진행하고 있다. OECD는 AI 지수 개발 목표를 회원국이 지수를 통해 AI 생태계에서 강점과 약점을 파악할 수 있도록 지원하고 해당 국가의 경제적, 사회적, 정치적 상황을 감안해 AI로부터 기회를 포착할 수 있도록 지원하는 것으로 설명한다.

OECD AI 지수는 OECD가 2019년 발표한 10대 AI 원칙(OECD AI Principles)에 따라 AI 지수를 구성하고 있다. OECD AI 원칙은 5가지 가치 기반 원칙(values-based principles)과 5가지 정책 기반 원칙(policy-based principles)으로 구성되어 있다.

가치 기반 원칙은 포용적 성장, 지속 가능한 개발 및 웰빙, 공정성과 개인정보 보호를 포함한 인권과 민주주의 가치, 투명성 및 설명 가능성, 강건성과 보안 및 안전, 책임성으로 구성되어 있다. 정책 기반 원칙은 AI 연구 개발에 대한 투자, 포용적 AI 지원 생태계 육성, AI를 위한 정책과 규제 환경, 인적 역량, 국제 협력으로 구성한다. 측정 지표로는 연구 논문 품질, 기술 기업 수, AI 스타트업 수, 국제적 협업 연구 등을 고려하고 있다.

OECD AI 지수는 2023년 4월 개념도를 디지털경제정책위원회 산하 AI거버넌스(AIGO)와 디지털경제측정(WPMADE) 실무 그룹(Working Group)에서 소개한 후 2024년 가을 파일럿 지수 산출 방법론 초안을 발표했고 2025년 가을 최종안 발표를 목표로 진행 중이다. 지수 실무 작업은 OECD가 담당하며 2023년 각 국가별 전문가로 구성한 필자도 참여하고 있는 OECD 인공지능지수 전문가 그룹(Expert Group on OECD AI Index)에 정기적으로 추진 현황을 보고하고 의견 수렴을 하고 있다.

지수 산출 방법론도 깊이 있게 다루어야 할 주제다. 1장 인공지능과 지수에서 지수 산출 체계를 간략하게 설명했는데 가중치(weight)는 지수 계산 과정에서 매우 중요한 요소다. 즉 지수가 2~3개의 하위 지수로 구성되어 있을 경우 각각의 하위 지수에 동일하지 않은 가중치를 적용하는 것이 논리적으로 타당한 경우가 생긴다. 가중치를 어떻게 결정할지에 대해서는 다양한 방법론이 존재한다. 계층화분석법(AHP, Analytic Hierarchy Process)은 다수의 속성들을 계층적으로 분류하고 각 속성의 중요도를 파악해 최적 대안을 선정하는 기법으로 1970년대 초 사티(Thomas Saaty)가 개발한 의사 결정 방법이다. AHP는 해당 분야 전문가들에게 비교하려는 속성을 두 개씩 묶어 상대적인 중요도를 선택하는 쌍대비교

(Pairwise Comparison)를 통해 각 구성 요소의 상대적 중요도, 즉 가중치를 산출하는 방법론이다.

인공지능 기술의 빠른 발전에 따른 위험과 부작용도 만만치 않다. 환각이나 환청을 뜻하는 할루시네이션(Hallucination)은 챗GPT가 사람들의 질문에 답할 때 사실에 근거하지 않은 잘못된 정보나 허위 정보를 제공하는 것을 뜻하는데 인공지능 모델이 학습하는 데이터 부족이나 오류 때문에 발생할 수 있다. 인공지능 관련 제품이나 서비스가 가지는 오류나 위험을 측정하는 지수가 개발된다면 이용자가 불편함을 겪거나 위험에 빠지지 않게 도움을 줄 수 있을 것이다.

최근 "데이터 중심 AI(data-centered AI)"에 대한 관심이 뜨겁다. 알파고를 만든 딥마인드는 2022년에 '친칠라 법칙(Chinchilla Scaling Law)'을 발표했다. 거대 언어 모델(LLM, Large Language Model)은, 인공지능의 성능을 좌우하는 핵심 요소는 컴퓨팅 파워와 추정 모수(parameter)의 수, 학습 데이터의 크기인데 주어진 컴퓨팅 환경에서 작은 데이터로 추정 모수가 많은 모델을 훈련시키는 것보다 큰 데이터로 추정모수가 적은 모델을 훈련시키는 쪽이 더 효율적이라는 의미다. GPT4가 비약적인 성능 향상을 이룬 배경도 학습 데이터의 양을 늘린

데 있다. 앞으로 더 많은 데이터를 확보하는 것이 인공지능 경쟁의 핵심이라는 말이다. 그런데 데이터 확보가 생각보다 쉽지 않다.

AI 연구 기관 에포크AI(Epoch AI)는 2026년부터 AI 학습용 데이터가 점차 소진되어 2028년이 지나면 데이터가 고갈되는 데이터 부족 시대가 올 것으로 예측하고 있다. 인공지능 개발 역사에서 기대에 못 미치는 개발 속도에 실망해서 인공지능 분야에 대한 투자가 급격히 감소하는 두 번의 '인공지능 겨울'이 있었는데 만약 세 번째 인공지능의 겨울이 온다면 데이터 부족 때문일 것이라 예측한다. 인공지능 개발에 필수 요소인 데이터의 양이나 품질을 판단하는 관련 지수 개발이 절실한 상황이다.

체코의 소설가 카렐 차페크(Karel Capek)는 1920년 발표한 희곡 〈로숨의 유니버설 로봇(R.U.R., Rossum's Universal Robots)〉에서 로봇이라는 단어를 처음으로 사용하며 쉬지도 않고 24시간 일하는 로봇의 관점에서 비생산적인 인간은 없애는 게 당연하다고 판단하고 인류를 말살하는 비극을 그린다. 생산성과 효율만 강조할 때 일어날 비극적인 상황을 경계하고 있다는 점에서 인공지능의 시대에 역설적으로 인간다움에 대한 척도도 필요할지 모른다.

이제 인공지능은 영화나 소설 속 이야기가 아니라 우리 일상에서 빈번하게 만나게 되는 친근한 존재가 되었다. 공항에서는 로봇이 길을 안내하고 음식점에서는 빈 그릇을 치우는 로봇이 일을 한다. 금융기관에서도 상담 직원을 대신해 인공지능 챗봇이 문자와 음성으로 궁금증에 답을 해 준다. 이제 인공지능과는 좋든 싫든 공존할 수밖에 없는 세상이 되었다. 이렇게 사람과 동반자가 된 인공지능 세상을 대비하기 위해서 개인의 역량과 우리 사회의 준비 상태를 점검하는 지표를 통해 차근차근 준비해 가는 것이 필요하다. 인공지능의 시대, 인공지능지수야말로 기온이나 물가지수, 주식 시장의 코스피지수처럼 우리가 친숙하게 마주해야 할 일상의 필수품이 아닐까.

01
인공지능과 지수

국가나 사회가 가진 인공지능 역량이나 준비 정도, 위험 등을 측정할 수 있는 지표인 인공지능 지수를 산출하는 체계는 지수 구성 체계를 설계하고, 측정 가능한 세부 지표별 데이터를 확보하고, 상대적 중요도를 나타내는 가중치를 결정하고 최종적으로 지수를 계산하는 절차를 거친다.

인공지능 지수 탄생 배경

인공지능(Artificial Intelligence)이란 용어는 1956년 미국 뉴햄프셔 주의 다트머스대학에서 열린 작은 학술 회의에서 만들어졌다(브라이튼 저, 정용찬 역, 2021). 두 달 동안 이어진 이 회의에서 허버트 사이먼(Herbert Simon)과 존 매카시(John McCarthy), 클로드 섀넌(Claude Shannon), 앨런 뉴얼(Allen Newell), 마빈 민스키(Marvin Minsky) 등은 원칙적으로 학습이나 지능을 흉내(simulation)내는 기계가 만들어질 수 있다는 가설을 제시했다.

생각하는 기계를 만든다는 인공지능은 사람들에게 큰 관심을 불러일으켜 인공지능에 대한 기대가 커지고 투자가 급증했다. 그러다가 기대보다 낮은 성과에 대한 실망이 이어져 투자가 급감하고 대중의 관심이 멀어지는 "인공지능의 겨울"을 1980년대와 1990년대에 두 번 만나게 된다.

알파고의 등장은 인공지능의 가능성을 전 세계 사람들에게 단번에 알린 상징적인 사건이다. 바둑에 특화된 인공지능 알파고는 2016년 이세돌 9단과 대결해 4승 1패로 승리했다. IBM이 만든 인공지능 딥블루(Deep Blue)가 1997년 세계 체스 챔피언 가리 카스파로프(Garry

Kasparov)를 이겼고, 2011년 미국 TV 퀴즈쇼 프로그램 〈제퍼디(Jeoperdy)〉에서 74연승을 기록한 챔피언 켄 제닝스(Ken Jennings)를 압도적으로 이겼지만 복잡한 바둑만큼은 인간을 능가할 수 없다고 사람들은 믿었기 때문에 알파고의 승리에 큰 충격을 받았다.

이후 챗GPT의 등장으로 검색뿐 아니라 사진과 영상 제작에 이르기까지 인공지능의 발전은 괄목할 만하다. 이제 인공지능을 퀴즈쇼나 바둑 대결에서 지켜보기만 하는 것이 아니라 학생과 일반 시민이 일상에서 PC와 핸드폰으로 검색을 할 때도 활용하는 '인공지능 대중화 시대'가 열린 셈이다.

2024년 노벨상 시상식에서 한국은 한강 작가가 첫 노벨문학상을 수상한 것에 열광했지만 주인공은 단연 인공지능이었다. 노벨물리학상 수상자도 인공지능 분야의 석학인 미국 프린스턴대 존 홉필드(John Hopfield) 교수와 캐나다 토론토대 제프리 힌턴(Geoffrey Hinton) 교수였고, 노벨화학상 수상자도 단백질 구조 예측 설계 모델인 인공지능 알파폴드(AlphaFold)를 개발한 구글 딥마인드 CEO 데미스 허사비스(Demis Hassabis)와 수석 연구원 존 점퍼(John Jumper)였기 때문이다.

인공지능이 다양한 분야에서 기대 이상의 성과를 내

면서 이를 우려하는 목소리도 커지고 있다. 2018년 인공지능 분야 연구자들에게는 최고의 영예인 튜링상을 수상했고 인공지능의 아버지로도 불리는 제프리 힌턴 교수는 2024년 노벨상 수상 소감을 말하면서 산업혁명과 유사한 AI 혁명이 여러 면에서 훌륭한 결과를 낼 것이라고 전망하면서 동시에 나쁜 결과와 통제 불가능한 위협에 대해서도 걱정해야 한다고 역설했다. 인간이 자신보다 더 똑똑한 존재와 함께 살아 본 경험이 없기 때문에 AI가 통제 불가능할 수 있고, 일자리에 위협을 주고 학습 과정에서 편견을 가지는 등 사회에 큰 위험을 가져올 수 있다는 주장이다.

인공지능에 모든 이의 기대와 우려가 섞인 관심이 몰리면서 일반인은 물론 전문가조차도 AI 분야의 빠른 변화를 이해하는 데 어려움을 겪고 있는 상황에서 국가나 사회가 지니고 있는 AI 역량이나 준비 정도, 위험 등을 측정할 수 있는 지표인 인공지능지수의 필요성이 자연스럽게 제기되었다.

인공지능지수란

지수의 사전적 정의는 "물가나 임금 따위와 같이, 해마다 변화하는 사항을 알기 쉽도록 보이기 위해 어느 해의 수량을 기준으로 잡아 100으로 하고, 그것에 대한 다른 해의 수량을 비율로 나타낸 수치"다(표준국어대사전). 일상에서 가장 흔하게 접하는 지수로는 소비자 물가지수(CPI, Consumer Price Index)가 있다.

소비자 물가지수는 물가의 움직임을 한눈에 알아볼 수 있게 지수화한 지표다. 즉 기준이 되는 시점의 물가를 100으로 놓고 비교 시점의 물가 수준이 얼마나 되는가를 상대적인 크기로 표시한다. 만약 지금 물가지수가 110이라면 이는 기준 시점보다 물가 수준이 10% 높은 것을 의미한다. 물가지수에는 소비자 물가지수 외에 생산자 물가지수도 있다. 생산자 물가지수는 국내 생산자가 국내 시장에 공급하는 상품 및 서비스의 가격 변동을 종합한 지수다.

인공지능지수도 인공지능과 관련된 상태를 수치로 나타낸 지표인데 작성 목적에 따라 다양한 지수가 산출 가능하다. 예를 들어 국가의 종합적 인공지능 역량을 나타내기 위한 지수도 가능하고, 인공지능 사회에 대한 준비 정도를 측정하기 위한 지수도 가능하다. 인공지능의 도입이 긍정적인 측면만 있는 것은 아니므로 인공지능의 도입으로 인한 위험이나 폐해를 측정하기 위한 지수도 가능하다. 국가 차원으로 측정하는 것뿐 아니라 기업 차원의 지수도 작성 가능하다.

인공지능 지수의 종류와 특징

스탠포드 AI 지수는 이 분야에서는 가장 빠른 2017년부터 산출되고 있다. AI 분야의 변화 동향을 일반 대중이 쉽게 이해할 수 있도록 연구 개발, 기술적 성과, 경제, 과학과 의학, 교육 등 분야를 나누어 분석 결과를 제공한다.

AI 관련 지수 중 가장 많은 유형이 AI 준비 지수다. 옥스퍼드 인사이트의 정부 AI 준비 지수, IMF의 AI 준비 지수는 국가의 AI 준비 수준을 측정하며, 시스코의 기업 AI 준비 지수는 기업의 AI 준비 수준을 평가한다.

AI 역량을 측정하는 지수로는 토터스 미디어의 글로벌 AI 지수, 정보통신기획평가원의 인공지능 기술 수준 지수가 있다. 전자는 국가의 종합적 AI 역량을 측정하는 데 반해 후자는 AI 기술 수준과 기술 경쟁력에 한정해 국가별 수준을 측정한다.

인공지능디지털정책센터의 AI와 민주적 가치 지수는 인공지능 정책이 민주적 가치와 상충되지 않는지를, 책임감 있는 AI 지수는 윤리와 신뢰성 측면을 평가하는 지표라는 점에서 의의가 있다.

표 1-1. AI 관련 지수 종류와 특징

지수명(개발년도)	대상	주요 내용
스탠포드 AI 지수 (2017)	국가	일반인도 AI를 정확하게 이해할 수 있도록 AI의 발전을 연구 개발, 기술적 성과, 경제, 과학과 의학, 교육 등 분야별 분석
옥스퍼드 인사이트 정부 AI 준비 지수 (2017)	국가	193개 국가의 AI 준비도를 정부, 기술, 데이터·인프라 3대 부문별 39개 지표를 사용해 지수 산출
토터스 미디어 글로벌 AI 지수 (2019)	국가	83개 국가가 보유하고 있는 AI 역량을 이행, 혁신, 투자 영역별 122개 지표를 활용해 평가
IMF AI 준비 지수 (2024)	국가	174개 국가의 AI 준비 수준을 디지털 인프라, 인적 자본과 노동 정책, 기술 혁신과 경제 통합, 규제와 윤리로 구분, 평가
정보통신기획평가원 인공지능 기술 수준 지수 (2018)	국가	한국, 미국, 중국, 일본, EU의 인공지능, 빅데이터, 지능형반도체 등 ICT 분야별 기술 수준과 기술 경쟁력을 분석해 기술 격차를 산출
AI 거버넌스 글로벌 센터, 책임감 있는 AI 지수 (2024)	국가	138개국을 대상으로 책임감 있는 AI 역량, 인권과 AI, 책임감 있는 AI 거버넌스로 구성된 3대 차원별 19개 지표를 활용해 책임감 있는 AI 달성 여부를 측정
인공지능디지털정책센터, AI와 민주적 가치 지수 (2021)	국가	80개국을 대상으로 해당국의 인공지능 정책과 실천이 민주적 가치와 조화를 이루는지 12개 항목으로 측정
시스코 기업 AI 준비 지수 (2023)	기업	종업원 수 500인 이상 전 세계 기업 임원 7,985명을 대상으로 전략, 인프라, 데이터, 거버넌스, 인재, 문화별로 기업의 AI 준비 수준 측정

표 1-2 인공지능 지수 산출 단계

1단계: 체계 설계	2단계: 측정	3단계: 지수 산출
- 대분류, 중분류 결정 - 세부 지표 선정	- 세부 지표별 데이터 확보 - 표준화 - 가중치 결정	- 중분류, 대분류, 최종 지수 계산 - 순위 결정

인공지능 지수 산출 체계

목적은 달라도 지수를 산출하는 체계는 지수 구성 체계를 설계하고, 측정 가능한 세부 지표별 데이터를 확보하고, 상대적 중요도를 나타내는 가중치를 결정하고 최종적으로 지수를 계산하는 절차를 거친다.

지수 산출의 첫 출발은 지수를 구성하는 체계 설계다. 즉 지수의 성격을 잘 드러내고 지수 산출 목적에 부합하는 영역(대분류)을 선정하고 필요에 따라 각각의 대분류를 설명하는 2~3개의 하위 영역(중분류)을 설정하고 각 중분류를 가장 잘 반영할 수 있는 세부 지표를 선정해 측정한다.

국가별 정부 AI 준비 지수의 경우 국가가 지닌 AI 역량을 구성하는 요소를 이행, 혁신, 투자의 3대 영역(대분류)으로 구분하고, 이행 영역은 하위 영역(중분류)으로 인재, 운영 환경, 인프라로 구성한다. 중분류인 인재를 측정하는 세부 지표로는 관련 개발자 숫자와 과학자, 전문가 숫자를 설정해 세부 지표별 점수를 산출한다. 세부 지표를 선정할 경우 데이터를 확보할 수 있는 지표를 선정해야 한다. 지수 산출은 국가별 비교가 중요하므로 소수 특정 국가의 데이터만 확보할 수 있다면 지표로 선정하기 곤란하다.

세부 지표는 명수라든가 지출액, 특허 논문 수 등으로 측정 단위가 서로 달라 단순히 산술평균을 적용할 수 없는 경우가 발생한다. 이 경우 원 데이터(x)를 최댓값(x_{max})과 최솟값(x_{min})을 활용해 계산하는 방법(식 1.1)을 적용하면 측정 단위에 관계없이 최솟값이 0이고 최댓값이 1인 척도로 바뀌는데 이를 표준화(normalization)라고 한다. 표준화가 되면 측정 단위가 다른 지표간의 연산이 가능해져 단순평균을 사용할 수 있다.

$$\frac{x - x_{\min}}{x_{\max} - x_{\min}} \qquad \text{(식 1.1)}$$

세부지표나 중분류 점수를 합산할 때 각 항목별 중요도를 의미하는 가중치를 적용하는데, 동일한 가중치를 적용하기도 하고 경우에 따라 서로 다른 가중치를 적용하기도 한다. 동일한 가중치를 적용하면 각 영역별로 산술평균을 계산하면 되므로 간단하지만 서로 다른 가중치를 적용할 경우 전문가 조사 등을 통해 가중치를 결정하는 절차를 추가해야 한다.

측정된 세부 지표 점수를 더하면 인재(중분류) 점수가 되고 인재와 운영 환경, 인프라 점수를 더하면 이행(대분류) 점수가 되며, 이행, 혁신, 투자(대분류) 점수를 더하면 최종적인 국가별 정부 AI 준비 지수가 산출된다. 인공지능과 민주적 가치 지수처럼 12개의 세부 지표를 합산하는 가장 단순한 방식으로 지수를 산출할 수 있고, 기업 AI 준비 지수처럼 중분류를 설정하지 않고 6개 대분류로 구성하는 방식도 가능하다.

참고문헌

네이버 표준국어대사전
https://ko.dict.naver.com/#/entry/koko/4aa7e4fca5e547efaf9d018aa13d52ec

헨리 브라이튼(2021). 『인공지능 아는 척하기』. 정용찬 옮김. 팬덤북스.

02
스탠포드 AI 지수

인공지능에 모든 이의 관심이 몰리고 있지만 전문가조차도 AI 분야의 빠른 변화를 이해하는 데 어려움을 겪고 있는 점에 착안한 스탠포드 AI 지수는 AI 기술 발전, 기술에 대한 대중의 인식, 기술 개발을 둘러싼 지정학적 역학 관계 등을 포괄해 일반인도 AI를 정확하게 이해할 수 있도록 분석 결과와 함께 검증된 데이터를 제공한다.

스탠포드 AI 지수란

스탠포드 AI 지수(Stanford AI Index)는 미국 스탠포드대학교(Stanford University) 인간 중심 AI 연구소(Human-Centered Artificial Intelligence)가 개발한 지표다. 인공지능이 재계와 정책 입안자는 물론 대중의 관심을 광범위하게 받으면서 글로벌 담론의 선두가 되었지만, 전문가조차도 AI 분야의 빠른 변화를 이해하는 데 어려움을 겪고 있는 점에 주목해 개발하게 되었다(HAI, 2017).

스탠포드대학은 2014년 인공지능 분야의 연구를 향후 100년간 지속하겠다는 의지를 담은 '인공지능 연구 100년(AI100, The One Hundred Year Study on Artificial Intelligence)'이라는 프로젝트를 기획했고 그 일환으로 스탠포드 AI 지수를 개발했다. 스탠포드 AI 지수 연구팀은 개발 당시 인공 지능과 관련된 대화와 의사결정 과정을 '눈먼 채 날아다니고 있다(flying blind)'고 표현했다. AI 기술 상태와 관련된 데이터와 정보에 근거해서 논의를 촉진하는 것을 목표로 설정하고, AI 활동과 진행 상황을 추적하는 비영리 개방형 프로젝트로 진행했다.

스탠포드대학 인간 중심 AI 연구소는 인공지능의 미래를 향한 길잡이와 설계자 역할을 위해 2019년에 설립되었다. 인간 중심 AI 연구소는 인류의 발전을 위한 AI 연구와 교육, 정책, 실무 개발을 미션으로 정하고 스탠포드대학의 다양한 학과가 참여해 인간 지능에서 영감을 받은 AI 기술을 개발하고, AI가 인간과 사회에 미치는 영향을 연구, 예측하며, 인간의 역량을 강화하는 AI 애플리케이션을 제작하는 데 중점을 두고 있다.

2024년 4월 발표한 스탠포드 AI 지수는 사회에 대한 AI의 영향력이 그 어느 때보다 두드러지는 중요한 시점임을 감안해 AI 기술 발전, 기술에 대한 대중의 인식, 기술 개발을 둘러싼 지정학적 역학 관계 등 트렌드 진단 범위를 넓혔다. 또한 정책 입안자, 연구자, 경영진, 언론인 및 일반 대중이 AI를 정확하게 이해할 수 있도록 편향되지 않고 엄격하게 검증된 광범위한 출처의 데이터를 제공하는 데 역점을 두었다.

10대 시사점

스탠포드 AI 지수 2024년 보고서는 분석 결과를 10대 시사점(Top 10 Takeaways)으로 요약했다.

1. AI는 일부 작업에서는 인간을 능가하지만 모든 작업에서 그렇지는 않다. 이미지 분류, 시각적 추론, 영어 이해 등에서는 AI가 인간을 능가했지만 복합 영상 추론

(VCR, visual commonsense reasoning) 같은 작업에서는 뒤처지고 있다.

2. 산업계가 AI 연구를 선도. 2023년 산업계는 51개의 주목할 만한 머신러닝 모델을 만들었지만 학계는 15개 모델만 생산했다.

3. 프론티어 모델(frontier model) 가격 상승. 오픈AI의 GPT-4는 약 7,800만 달러의 컴퓨팅 학습 비용이 들었고, 구글의 제미나이 울트라는 191만 달러가 들었다.

4. 미국이 고급 AI 모델 공급을 선도. 2023년에는 미국 기반 기관이 61개의 주목할 만한 AI 모델을 출시한 반면 유럽연합은 21개, 중국은 15개에 불과했다.

5. LLM(거대 언어 모델)의 책임성에 대한 강력하고 표준화된 평가가 부족. 오픈AI, 구글, AI 스타트업 앤트로픽(Anthropic) 등 주요 개발자들은 다양한 AI 벤치마크를 기반으로 모델을 테스트하기 때문에 표준화가 필요하다.

6. 생성형 AI 투자가 급증. AI 민간 투자가 감소했음에도 생성형 AI에 대한 투자는 2022년 대비 10배 증가한 252억 달러에 달했다.

7. AI는 근로자의 생산성을 높이고 고품질 작업으로 선도. 저숙련 근로자와 고숙련 근로자의 기술 격차를 해

소할 수 있는 AI의 잠재력을 입증했으며 적절한 감독 없이 AI를 사용하면 성과가 저하될 수 있다.

8. AI가 과학 발전을 가속화. 알고리즘 정렬을 더 효율적으로 만드는 알파데브(AlphaDev)부터 물질 발견 과정을 용이하게 하는 GnoME 등 과학 관련 AI 애플리케이션이 출시되었다.

9. 미국 내 AI 규제 건수 급증. 2016년 한 건에 불과했던 미국 AI 관련 규제는 2023년에 전년 대비 56.3% 증가한 25건이었다.

10. AI의 잠재적 영향에 대해 더 잘 인지하고, 더 긴장함. 글로벌 설문조사에 따르면 향후 3~5년 동안 AI가 자신의 삶에 극적인 영향을 미칠 것이라고 생각하는 사람의 비율이 60%에서 66%로 증가했고, AI 제품 및 서비스에 대해 불안감을 표명한 사람들은 2023년 기준 전년 대비 13% 포인트 증가한 52%였다. 또한 미국인의 52%가 AI에 대해 기대보다 우려를 느낀다고 응답했다(2022년 결과는 38%).

주요 트렌드

AI 보고서는 연구 개발, 기술적 성과, 경제, 과학과 의학, 교육 등 9대 분야별 주요 결과를 다음과 같이 요약한다.

연구 개발 분야의 특징으로는 산업계가 AI 연구를 선도하는 가운데 미국이 AI 모델 개발을 이끌고 있으며 AI 논문과 AI 특허 출원이 급속히 증가하고 있고 AI 특허 분야에서는 중국이 압도하고 있다.

기술적 성과 분야의 특징으로는 텍스트와 이미지를 동시에 처리하는 멀티모달(multimodal) AI 모델이 출현했고, 데이터의 양이 AI의 성능을 좌우하게 되었으며, LLM 덕분에 로봇은 더욱 유연해졌고 폐쇄형 LLM은 개방형 LLM보다 훨씬 우수한 성능을 발휘하고 있다.

책임 있는 인공지능(Responsible AI) 분야에서는 책임성 있는 LLM에 대한 강력한 표준화 평가가 필요함을 강조한다. AI로 인한 위험이 세계 기업의 관심사가 되고 있는데 이는 정치적 딥페이크 감지 곤란, LLM의 저작권 침해, AI 개발자의 투명성 부족, 극단적 AI 위험 분석 곤란, AI 사고 건수 지속 증가 등에 기인하기 때문이다.

경제 분야에서는 생성형 AI 투자가 급증하는 상황에서 미국이 선두를 달리고 있으며 중국은 산업용 로봇 시장의 절반을 차지하고, 기업에서 AI를 사용하는 비율이 증가하고 AI가 비용을 절감하고 수익을 늘리는 역할을 한다고 분석했으며, 산업용 로봇과 서비스용 로봇 설치가 늘어나는 등 AI 영향력이 증가하고 있다.

과학과 의학도 AI 덕분에 발전이 가속화하고 있다. 성능이 뛰어난 의료용 AI가 도입되고 있으며, FDA는 점점 더 많은 AI 관련 의료 기기를 승인하고 있으며 사용률도 증가하고 있다.

교육 분야에서는 AI 관련 학위 프로그램이 전 세계적으로 증가하는 가운데 미국 및 캐나다 컴퓨터과학(CS) 학사 학위 취득자 수는 계속 증가하고 있다. 또한 AI 박사가 학계보다 산업계로 진출하는 비율이 증가하고 있으며 반면 산업계에서 학계로의 인력 이동은 감소했다.

정책과 거버넌스 차원에서는 미국의 AI 규제 건수가 급격히 증가하고 있는데, 유럽연합도 AI 규제를 진전시키기 위한 실질적인 제안을 진행 중이다.

다양성 측면에서 보면 미국과 캐나다 컴퓨터과학 학사, 석사, 박사 과정 학생들이 인종적으로 점점 더 다양해지고 있다. 유럽의 경우 정보학, CS, CE 및 IT 분야의 여성 졸업생보다 남성 졸업생이 더 많아 성별 격차가 지속되고 있다.

여론 측면에서 서방 국가의 AI 심리는 낮은 수준이지만 서서히 개선되고 있지만 AI의 경제적 영향에 대해서는 여전히 비관적이다. 하지만 나이가 젊을수록, 소득과 교육 수준이 높을수록 AI에 대해 낙관하고 있는 것으로 나타났다.

국가별 순위

스탠포드 AI 지수 보고서는 국가별 순위를 매기지는 않지만 분야별로 국가별 특징을 기술한다. 대부분의 분야에서 미국과 중국의 지표가 압도적으로 높은 가운데 한국은 인구 10만 명당 AI 특허를 가장 많이 출원한 국가로 나타났다. 2022년 기준 인구 10만 명당 AI 특허 건수가 한국이 10.3건이었고, 룩셈부르크(8.8건)와 미국(4.2건)이 그 뒤를 이었다. 2012년부터 2022년까지 인구 10만 명 당 AI 특허 건수 변화에서도 한국은 싱가포르의 뒤를 이어 2위였고 그다음은 중국이었다.

한편 '파운데이션 모델' 개발 관련 한국 모델 출시 사례가 0건으로 기록되었는데, 한국의 네이버가 세계에서 세 번째로 거대 언어 모델인 '하이퍼클로바X'를 개발했기 때문에 한국 정부가 이의를 제기, 수정 요청을 하는 해프닝이 벌어졌다(전자신문, 2024).

참고문헌

김명희(2024.4.25). [ET톡]스탠포드대 'AI인덱스' 해프닝. 전자신문. https://www.etnews.com/20240425000177

Human-Centered Artificial Intelligence(2017). Artificial Intelligence Index 2017 Annual Report. Stanford University.
Human-Centered Artificial Intelligence(2024). Artificial Intelligence Index Report 2024. Stanford University.

03
정부 AI 준비 지수

정부가 시민에게 공공 서비스를 제공하는 데 AI를 구현할 준비가 얼마나 되어 있는지에 대한 궁금증을 해소할 목적으로 개발한 정부 AI 준비 지수는 국가의 AI 운영, 공공 서비스에서 활용 수준, 제도적 준비 정도 등을 평가하고 순위를 매긴다.

정부 AI 준비지수란

정부 AI 준비 지수(Government AI Readiness Index)는 옥스퍼드 인사이트(Oxford Insights)가 2017년 개발한 지표다. 정부 AI 준비 지수는 정부가 시민에게 공공 서비스를 제공하는 데 AI를 구현할 준비가 얼마나 되어 있는지에 대한 궁금증을 해소할 목적으로 개발했고 데이터가 사용자 친화적인지 확인하는 것에도 역점을 두고 있다(Oxford Insights, 2023). 옥스퍼드 인사이트는 2016년에 설립되어 정부 및 공공 부문의 산업 전략, 공공 서비스 개발, 기술 정책, 평가 등에 특화된 기관이다.

스탠포드대학 인간 중심 AI 연구소(HAI)가 발간하는 AI 지수 보고서가 AI 연구, 투자, 기술, 윤리 등 AI 이슈 전반에 대해 포괄적인 분석 결과를 제공하는 것이 특징이라면 정부 AI 준비 지수는 국가의 AI 운영, 공공 서비스에서 활용 수준, 제도적 준비 정도 등을 평가하고 순위를 매기는 지표라는 점에서 차이가 있다.

2023년 12월 발표한 정부 AI 준비 지수는 정부(Government), 기술(Technology), 데이터 · 인프라(Data & Infrastructure) 3대 부문, 10대 항목, 39개 세부 지표로 구성되어 있으며 최근 데이터를 활용해 193개 국가별로 지표를 산출하고 비교한다. 정부 AI 준비 지수는 국가별 비교뿐 아니라 지역별 분석도 중요하게 다루고 있는데 전 세계를 북미, 라틴 아메리카와 카리브, 서유럽, 동유럽, 중동과 북아프리카, 사하라 이남 아프리카, 남부 및 중앙아시아, 동아시아, 태평양 지역으로 구분해 특징과 전망을 제시하고 있다.

2023년 보고서는 분석 결과 연간 발표되는 국가 AI 전략 수는 감소 추세지만 다양성은 증가하고 있으며, 기술 부문은 고소득 국가와 나머지 국가 간의 격차가 크며, 데이터 및 인프라 부문도 디지털 격차가 여전히 해결해야 할 과제이고 AI 거버넌스와 윤리에 관한 국제 협력이 증가할 것으로 요약했다.

평가 체계

정부 AI 준비 지수는 UN 전자 정부 조사, 세계은행, 유엔 무역 및 개발 회의(UNCTAD), 유엔 교육 과학 문화 기구(UNESCO), 국제 전기 통신 연합(ITU), 깃허브 등의 자료를 활용하여 산출한다. 확인된 세부 지표 수가 50%를 넘는 국가만 평가에 포함시켰으며, 일부 결측치는 대체(imputation) 방법을 사용했다.

모든 지표는 표준화(normalisation)를 적용했고 분포가 치우친 경우(skewed) 보정 처리했다. 2022년에 지표

표 3-1. 정부 AI 준비지수 지표 체계

출처: Oxford Insights(2023). Government AI Readiness Index 2023. pp. 38 ~41.

대분류	중분류	세부 지표
정부 (Govern-ment)	비전(Vision)	국가 AI 전략
	거버넌스,윤리 (Governance and Ethics)	데이터 보호 및 프라이버시법, 사이버 안전, 법률 품질, 국가 윤리 규범, 책임성
	디지털 역량 (Digital Capacity)	온라인 서비스, IT인프라, 신기술에 대한 정부 투자 촉진
	적응성 (Adaptability)	정부 효율성, 정부의 변화 대응, 데이터 조달
기술 (Techno-logy)	성숙도 (Maturity)	AI 유니콘 기업 수, 비 AI 기술 유니콘 기업 수, ICT 서비스 무역의 가치, ICT 상품 무역의 가치, 컴퓨터 소프트웨어 지출
	혁신 역량 (Innovation Capacity)	정부 규제 처리 소요 시간, 벤처 캐피탈 가용성, R&D 지출, 신기술에 대한 회사 투자, AI 분야 연구 논문
	인적자본 (Human Capital)	STEM 분야 졸업생, GitHub 이용자, 여성 STEM 졸업자, 공학 기술 고등교육의 질, ICT 기술
데이터·인프라 (Data & Infra-structure)	인프라 (Infras-tructure)	통신 인프라, 슈퍼컴퓨터, 브로드밴드 품질, 5G 인프라, 신기술 채택
	데이터 가용성 (Data Availability)	오픈 데이터, 데이터 거버넌스, 모바일 폰 가입자, 인터넷 가입 가구, 통계 역량
	데이터 대표성 (Data Representa-tiveness)	인터넷 이용 성별 격차, 1인당 GDP 대비 인터넷 비용

로 포함된 클라우드 공급자 수, 디지털 기술 지표는 최선의 척도가 아니라는 판단하에 각각 슈퍼컴퓨터 수와 ICT 기술로 변경했다.

지표로 사용한 데이터는 대부분 2021년~2023년 사이에 산출된 것이나 일부 더 오래된 데이터도 있다. 여성 STEM 지수는 2019년 데이터를, 사이버 보안 지표 데이터는 2020년 데이터를 사용했는데 이로 인해 국가별 점수가 최근 상황을 반영하지 않을 수 있지만, 해당 지표의 적절한 대안이 없다는 점을 고려해 이러한 데이터를 포함했다.

국가별 정부 AI 준비 지수는 총 점수를 계산하기 위해 차원별로 동일한 가중치를 부여해 산술평균을 취했다. 즉 세부 지표의 산술평균이 중분류 지수이며, 중분류 지수의 산술평균이 대분류 지수이고, 3개의 대분류 지수를 산술평균하면 국가별 총점이 계산된다.

국가별 순위

미국은 2020년부터 1위를 고수하고 있으며 영국, 싱가포르, 핀란드, 캐나다가 꾸준히 상위권을 유지하고 있다. 한국은 2019년 26위에서 2020년 7위, 2021년 10위로 부침을 거쳐, 2022년과 2023년에는 각각 6위와 7위를 차

표 3-2. 정부 AI 준비 지수 국가별 순위(점수)

출처: Oxford Insights(2023). p. 47. Oxford Insights(2022). p. 53. Oxford Insights(2019). p. 32.

순위	2019년	2022년	2023년
1	싱가포르(9.19)	미국(85.7)	미국(84.8)
2	영국(9.07)	싱가포르(84.1)	싱가포르(82.0)
3	독일(8.81)	영국(78.5)	영국(78.6)
4	미국(8.80)	핀란드(77.6)	핀란드(77.4)
5	핀란드(8.77)	캐나다(77.4)	캐나다(77.1)
6	스웨덴(8.67)	한국(76.8)	프랑스(76.1)
7	캐나다(8.67)	프랑스(75.8)	한국(75.7)
8	프랑스(8.61)	호주(75.3)	독일(75.3)
9	덴마크(8.60)	일본(75.3)	일본(75.1)
10	일본(8.58)	네덜란드(75.1)	네덜란드(74.5)

지하며 2020년 이후는 10위권을 유지하고 있다. 중국은 2021년 15위, 2022년 17위, 2023년 16위(70.9점)를 차지해 최근 수년간 20위권에 머물고 있다.

정부 AI 준비 지수 부문별 국가 점수를 보면 정부 부문에서는 싱가포르가 가장 높았고 핀란드, 한국, 미국 순으로 나타났다. 기술 부문은 미국이 압도적인 1위로 나타났고 영국, 싱가포르, 캐나다, 독일이 뒤를 이었다. 한국은 20위권 국가 중 호주와 에스토니아를 제외하고 가장 낮게 나타났다. 데이터 · 인프라 부문은 싱가포르가 가장 높았고 미국, 호주, 일본이 그 다음 순이었으며 한국은 글로벌 5위를 차지했다.

표 3-3 정부 AI 준비 지수 부문별 국가 점수

출처: Oxford Insights(2023). p. 47.

순위	국가(총점)	정부	기술	데이터·인프라
1	미국(84.8)	86.0	81.0	87.3
2	싱가포르(82.0)	90.4	66.2	89.3
3	영국(78.6)	82.5	68.8	84.4
4	핀란드(77.4)	88.3	60.4	83.4
5	캐나다(77.1)	85.3	64.7	81.2
6	프랑스(76.1)	84.0	60.4	83.8
7	한국(75.7)	87.6	54.4	85.0
8	독일(75.3)	80.8	63.3	81.7
9	일본(75.1)	82.8	56.9	85.6
10	네덜란드(74.5)	78.9	62.0	82.6

참고문헌

한국재정정보원(2024.4.22). 월간 나라재정 [4월호] 통계로 보는 공공부문 인공지능(AI). https://blog.naver.com/kpfisnet/223423134016

Oxford Insights(2019).Government Artificial Intelligence Readiness Index 2019. https://ai4d.ai/wp-content/uploads/2019/05/ai-gov-readiness-report_v08.pdf

Oxford Insights(2022). Government AI Readiness Index 2022. https://www.unido.org/sites/default/files/files/2023-01/Government_AI_Readiness_2022_FV.pdf

Oxford Insights(2023). Government AI Readiness Index 2023. https://oxfordinsights.com/wp-content/uploads/2023/12/2023-Government-AI-Readiness-Index-1.pdf

04
글로벌 AI 지수

인공지능은 비즈니스와 정부, 사회를 변화시킬 수 있는 막강한 힘을 가지고 있다. 특정 국가가 생산적이고 안전하며 공정한 방식으로 인공지능 시스템을 관리하고 유지할 수 있는 능력이 AI 역량이다. 글로벌 AI 지수는 국가의 AI 역량을 이행, 혁신, 투자의 관점에서 평가해 순위를 매긴다.

글로벌 AI 지수란

글로벌 AI 지수(Global AI Index)는 영국의 뉴스 웹사이트인 토터스 미디어(Tortoise Media)가 개발한 지표다. 특정 국가가 보유한 AI 역량을 이행(Implementation), 혁신(Innovation), 투자(Investment)로 구분해 평가하고 순위를 매기는데 2019년부터 분석 결과를 매년 발표하고 있다.

토터스 미디어는 2018년 킥스타터를 통한 모금으로 설립한 신생 미디어 기업으로 전 BBC 뉴스 디렉터이며 더 타임스(The Times) 편집자인 제임스 하딩(James Harding)과 전 영국 주재 미국 대사 매튜 바준(Matthew Barzun)이 공동 설립했다.

정부 AI 준비 지수가 국가의 AI 운영, 공공 서비스에서 활용 수준, 제도적 준비 정도 등을 평가하는 지표라는 점이 특징이라면 토터스 미디어가 주관하는 글로벌 AI 지수는 이행, 혁신, 투자의 3대 영역별로 국가의 AI 역량을 평가해 순위를 매긴다는 점에서 차이가 있다.

2024년 9월 발표한 글로벌 AI 지수는 3대 영역별 122개의 세부 지표를 활용했는데 2019년부터 최근 데이터를 활용해 83개 국가별로 지표를 산출하고 비교했다. 2024년 보고서는 분석 결과 국가 AI 역량의 특징을 "정부 활동의 확대, 생성형 AI에 대한 대규모 자본 투자, 컴퓨팅 파워에 대한 접근성"으로 요약했다.

평가 체계

글로벌 AI 지수는 인공지능이 비즈니스와 정부, 사회를 변화시킬 수 있는 막강한 힘을 가지고 있다고 판단한다. 이러한 AI 역량(capacity)은 특정 국가가 생산적이고 안전하며 공정한 방식으로 인공지능 시스템을 관리하고 유지할 수 있는 능력이 개선됨을 의미한다. 역량이 커진다는 것은 현재뿐 아니라 미래에도 인공지능 솔루션을 생성하고 지속할 수 있는 능력이 증가하는 것으로 이해할 수 있다.

글로벌 AI 지수는 정부 보고서, 국제기구의 공공 데이터베이스, 싱크탱크와 민간 기업 등 24개의 데이터를 활용한다. 글로벌 AI 지수를 구성하는 122개 지표는 공개적으로 이용 가능한 정보와 최신 데이터 소스 사용을 원칙으로 한다. 글로벌 AI 지수는 주로 정량적 데이터(예: 데이터 과학자, 인공지능 스타트업 수)를 활용하고 일부 정성적 데이터(예: IPSOS 설문조사 질문 "나는 신뢰한다"의 응답 데이터)도 포함한다.

AI 역량은 특정 국가 내에 존재하는 다양한 관련 요소

간의 관계를 고려하는데, AI 역량을 구성하는 요인을 이행, 혁신, 투자로 크게 나누고 하위 분류는 인재, 운영 환경, 인프라, 연구, 개발, 정부 전략, 벤처 생태계의 7대 영역으로 세분한다. 중분류별로 세부 지표를 설정해 측정하는데 중요도에 따라 가중치를 달리 부여한다.

예를 들어 대분류 이행은 인재, 운영 환경, 인프라로 구성되고 인재는 세부 지표를 개발자, 과학자, 전문가로 나누어 각각에 대해 가중치를 5%, 6%, 4% 적용한다. 이는 과학자가 개발자나 전문가보다 상대적으로 중요도가 높음을 의미한다. 이러한 가중치는 매년 조금씩 변동한다. 2023년 평가에서 이행은 가중치가 32%였으며 인재(15%), 운영 환경(6%), 인프라(11%)로 구성되었으나 2024년 평가에서는 이행 가중치가 30%, 인재(15%), 운영 환경(4%), 인프라(11%)로 조정되어 미세한 차이를 보였다.

가중치가 매년 수정되는 이유로는 AI와 관련성이 떨어지는 과거 지표는 삭제하고 새롭게 이용이 가능한 데이터를 활용해 신규 지표를 추가하고 기존 데이터를 수정하는 등 AI 이슈와 환경을 글로벌 AI 지수에 반영하려고 노력하기 때문이라고 설명한다. 세부 지표 가중치의 합이 중분류 가중치가 되고, 중분류 가중치의 합이 대분

표 4-1. 글로벌 AI 지수 지표 체계와 가중치

출처: Tortoise Media(2024). The Global Artificial Intelligence Index: Methodology Report. p. 6.

대분류	중분류	세부 지표
이행 (Implementation) 30%	인재 (Talent) 15%	AI인재: 개발자(5%), 과학자(6%), 전문가(4%)
	운영 환경 (Opearting Environment) 4%	AI과학자 성비, 입법: 노동력(0.5%), 다양성(1%), 입법(2%), 신뢰(0.5%)
	인프라 (Infrastructure) 11%	컴퓨팅, 반도체, 인터넷 인프라: 컴퓨팅(5%), 반도체(3%), 인터넷 접속(2%)
혁신 (Innovation) 40%	연구 (Research) 22%	교육 수준, 기초 응용 연구: STEM(1%), 모델 연구(8%), 기초 AI 연구(6%), 응용 AI 연구(5%), 교육기관(2%)
	개발 (Development) 18%	오픈소스 AI 모델과 데이터셋, 특허: 오픈소스 모델(9%), 특허(9%)
투자 (Investment) 30%	정부 전략 (Government Strategy) 8%	정부 AI 예산, 전략: AI 전략(4%), 정부 지출(4%)
	벤처 생태계 (Commercial Ventures) 22%	AI산업 환경: 기업(8%), 자금 조달(10%), 인수(4%)

류 가중치가 되도록 설계했다.

가중치는 세부 지표의 기여도를 결정하는 '기본 가중치' 산출에서 출발한다. 기본 가중치는 인공지능과의 관련성, 인공지능 역량에 대한 기여도, 데이터 품질을 1점에서 5점으로 부여해 더하면 최소 3점에서 15점 사이의 값이 부여된다. 가중치는 투자액이나 기업 수와 같은 규모(scale) 가중치(절대지표)와 1인당 AI 기업 수와 같은 밀도(intensity) 가중치(상대지표)로 구성되는데, 절대지표는 미국이나 중국이 강세를 보이고 상대지표는 싱가포르나 이스라엘처럼 작은 나라가 강세를 보인다. 규모와 밀도의 중요도는 2023년 67:33에서 2024년 75:25로 조정했다. 이는 현재 AI 개발 방향이 컴퓨팅 성능에 대한 접근성 및 자본 투자와 같은 규모 요인에 더 많은 영향을 받는 상황을 반영한 것이라고 설명한다.

국가별 순위

미국이 1위, 중국이 2위를 차지했는데 순위가 처음 발표된 2019년부터 변동이 없다. 미국은 이행, 혁신, 투자 부문 모두 1위를 차지했으며 종합 점수도 100점으로 2위인 중국(53.9점)과 압도적으로 차이를 보인다. 3위인 싱가포르가 32.3점, 4위인 영국이 29.9점, 5위 프랑스가 28.1

점인 것을 감안하면 두 강대국인 미국과 중국과 다른 나라들의 AI 역량 차이는 지속될 것으로 보인다.

프랑스는 2019년에는 6위를 차지했으나 2023년 10위 밖으로 밀려났다가 다시 5위로 상승했다. 보고서는 그 이유를 미스트랄AI 등 우수한 오픈소스 AI모델 개발 역량을 바탕으로 AI 생태계 조성이 진행되고 마크롱 대통령의 '국가 AI 전략(2018.5)' 이후 행정 절차 간소화, 공공 지출 확대 등으로 설명한다.

인도 역시 주목할 만한데 2023년 14위에서 2024년 10위로 도약했다. 이는 AI 인재 분야의 강점이 반영된 것으로, 인구 규모와 IT 관련 고등교육 기관 네트워크와 IT 아웃소싱 역량에서 긍정적인 것으로 분석하고 있다.

중국은 지속적으로 2위를 차지하고 있는데 2024년은 전년에 비해 미국과 다소 격차가 벌어졌다. 이는 민간 투자와 모델 개발 영역의 차이에 기인한 것으로 보이는데 기술력의 차이보다 소수 거대 기술 기업이 주도하는 미국과 비교해서 다수의 경쟁자가 참여하는 시장 특성에 따른 영향으로 보인다.

3위~6위를 차지한 국가별 점수가 2023년에는 40점대에서 2024년에는 20점대로 떨어졌는데, 글로벌 AI지수가 1위인 미국의 점수를 100으로 설정했을 때 다른 나

표 4-2. 글로벌 AI 지수 국가별 순위(점수)
출처:The Global Artificial Intelligence Index: Methodology Report(2024). p. 6.

순위	2019년	2023년	2024년
1	미국	미국(100)	미국(100)
2	중국	중국(61.5)	중국(53.9)
3	영국	싱가포르(49.7)	싱가포르(32.3)
4	캐나다	영국(41.8)	영국(29.9)
5	독일	캐나다(40.3)	프랑스(28.1)
6	프랑스	한국(40.3)	한국(27.3)
7	싱가포르	이스라엘(40.0)	독일(26.7)
8	한국	독일(39.2)	캐나다(26.4)
9	일본	스위스(37.7)	이스라엘(25.5)
10	아일랜드	핀란드(34.9)	인도(23.8)

라들의 상대적인 점수를 나타내는 방식이므로 미국과 다른 나라들의 AI 역량 격차가 2023년보다 2024년에 더 심해졌다고 해석할 수 있다.

참고문헌

한국지능정보사회진흥원(2024). 2024년 글로벌AI인덱스 결과 분석.

Tortoise Media(2019). The Global AI Index 2019. https://www.tortoisemedia.com/thinkin/the-global-ai-index-launch/

Tortoise Media(2023). The Global AI Index 2023. https://www.tortoisemedia.com/intelligence/the-global-ai-index-2023

Tortoise Media(2024). The Global AI Index 2024.

https://www.tortoisemedia.com/2024/09/19/the-global-artificial-intelligence-index-2024/
Tortoise Media(2024). The Global Artificial Intelligence Index: Methodology Report.

05
IMF AI 준비 지수

국제통화기금의 '인공지능 준비 지수'는 개별 국가의 AI 준비 수준을 디지털 인프라, 인적 자본과 노동 정책, 기술 혁신과 경제 통합, 규제와 윤리라는 4차원 핵심 요소별로 종합 평가하는 지표로 다른 지수에 비해 노동 시장 유연성과 경제 개방성 요소를 강조한다.

IMF AI 준비 지수란

국제통화기금(IMF, International Monetary Fund)의 'AI 준비 지수(AI preparedness index)'는 개별 국가의 AI 준비 수준을 디지털 인프라(digital infrastructure), 인적 자본과 노동 정책(human capital and labor market policies), 기술 혁신과 경제 통합(innovation and economic integration), 규제와 윤리(regulation and ethics)라는 4차원 핵심 요소별로 종합 평가하는 지표다.

1997년 경제 위기 사태를 흔히 IMF라고 부르기 때문에 우리 국민들에게는 부정적인 이미지가 있지만, 국제통화기금은 환율과 국제 수지를 감시하고 국제 금융 체계를 감독하는 국제 기구다. 1944년 전후 부흥책의 일환으로 국제부흥개발은행(IBRD)과 함께 창설되어 190여 개 국가가 회원이다.

국제통화기금의 AI 준비 지수는 이행, 혁신, 투자의 3대 영역별로 국가의 AI 역량을 평가해 순위를 매기는 토터스 미디어의 글로벌 AI 지수와 세부 지표 체계에서 유사성이 있다. 글로벌 AI 지수는 AI 역량 측정에 초점을 두고 벤처 등 투자 관련 항목을 평가하는 것이 특징적인데 비해 IMF의 AI 준비 지수는 AI에 대비하기 위한 경제 개방성과 법 제도 준비 측면을 강조한다는 점에서 차이가 있지만 인력, 연구 개발(R&D), 혁신 등 공통 요소도 많다.

2024년 6월 발표한 AI 준비 지수는 4대 영역별 29개 세부 지표를 활용해 174개 국가별로 지표를 산출하고 비교했다. 조사 결과 1위는 싱가포르(0.801)가 차지했고 한국은 0.73으로 16위를 차지했다. 아시아태평양 주요 국가 중 일본이 13위(0.73), 호주가 15위(0.73), 중국이 36위(0.64)를 차지했다.

평가 체계

AI 준비 지수는 디지털 인프라, 인적 자본, 기술 혁신, 법적 프레임워크 등 4대 영역의 산술평균으로 산출한다. 4대 영역별 점수는 이를 구성하는 하위 세부 지표의 산술평균을 사용하는데, 세부 지표는 원 데이터를 최댓값과 최솟값을 활용해 1장에서 설명한 식 1.1을 적용해 최소 0점에서 최대 1점 척도로 정규화한 값이다. 하위 지표를 표준화하고 하위 지표의 평균이 상위 지표가 되도록 하는 방식은 글로벌 AI 지수 등 대부분의 지수 산출 체계에서 일반적으로 사용하는 방식이다.

AI 준비 지수는 평균값을 적용하는 것이 타당한지에 대해 테스트를 했는데 하위 지표의 첫 번째 주성분(1st

표 5-1. AI 준비 지수 지표 체계

출처: IMF(2024b). AI Preparedness Index AIPI Note.

대분류	중분류	세부 지표
디지털 인프라 (Digital Infra-structure)	인터넷 접속 (Accessible, affordable, and secured nternet access)	100명당 인터넷 이용자, 유선전화 가입자, 휴대전화 가입자, 유선/무선 브로드밴드 가입자, 인터넷 이용 요금, 100만 명당 보안 인터넷 서버
	전자 상거래 인프라 (Mature ecommerce infrastructure)	우편 신뢰성 지수, 15세 이상 온라인 거래를 위한 휴대폰 사용, 공공 부문의 온라인 서비스 인프라
인적 자본, 노동 시장 정책 (Human Capital and Labor Market Policies)	교육, 디지털 기술 (Education and digital skills)	인적 자본 지수, 공교육 지출, 졸업생 스킬셋, 활동 인구의 디지털 기술, STEM 졸업생 수, 여성 STEM 졸업생 수
	노동 시장 유연성 (Labor market flexibility and policies)	임금 결정의 유연성, 임금 및 생산성, 내부 노동 시장 이동성, 적극적인 노동 시장 정책, 사회적 보호
혁신, 경제 통합 (Innovation and Economic Integration)	혁신 (Innovation)	GDP 단위당 R&D 지출, 프론티어 기술 준비 상태, 민간 부문 국내 신용
	경제 통합 (Economic integration)	평균 관세율, 비관세 장벽, 자본과 사람의 자유로운 이동(금융 개방, 자본 통제, 외국인 방문)
규제와 윤리 (Regulation and Ethics)	법률 체계와 집행력 (Strong legal frameworks and enforcement mechanisms)	디지털 비즈니스 모델에 대한 법률 프레임워크의 적응성 정부 효율성 및 책임성

Principal omponent)을 구하고 이를 표준화하여 합산하는 방식으로 지수를 계산해도 산술평균을 적용해 얻은 결과와 동일하다고 밝혔다(IMF, 2024).

AI 준비 지수 작성에 사용된 데이터는 프레이저 인스티튜트(Fraser Institute), 국제 노동 기구(ILO), 국제 전기 통신 연합(ITU), 유엔, 유엔 무역 및 개발 회의(UNCTAD), 만국 우편 연합(UPU), 세계은행(World Bank), 세계 경제 포럼(WEF) 등 주로 국제기구와 공공 싱크탱크의 공식 데이터와 설문조사 및 인식 조사를 활용했다(IMF, 2024). 국제 기구 등의 공식 데이터로는 공교육 지출, 여성 STEM 졸업생 수, 평균 관세율 등이 활용되고 조사에 의한 데이터로는 실제 자료에 근거한 조사 데이터(예: 100명당 인터넷 이용자, 유선전화 가입자, 휴대전화 가입자 등)와 인식 기반의 조사 데이터(예: 임금 결정의 유연성, 우편 신뢰성 지수, 비관세 장벽 등)가 있다.

IMF는 AI 준비 지수를 구성하는 4대 범주를 기본적 AI 준비(Foundational AI preparedness)와 2세대 AI 준비(Second-Generation AI preparedness)로 구분하는데 디지털 인프라와 인적 자본 부문은 전자로, 기술 혁신과 법적 프레임워크는 후자로 구분한다.

표 5-2. AI 준비 지수 Top 10 국가와 점수
출처: IMF(2024a).

순위	국가	점수
1	싱가포르	0.801
2	덴마크	0.779
3	미국	0.771
4	네덜란드	0.766
5	에스토니아	0.764
6	핀란드	0.758
7	스위스	0.757
8	뉴질랜드	0.754
9	독일	0.753
10	스웨덴	0.748

국가별 순위

AI 준비 지수 상위 10위권에 오른 나라 중에서 싱가포르(1위), 미국(3위), 뉴질랜드(8위)를 제외하면 2위 덴마크와 4위 네덜란드, 5위 에스토니아, 6위 핀란드 등 7개 나라가 유럽 국가로 구성되어 AI 준비 분야는 유럽권이 강세로 나타났다. 10위권 밖에 위치한 국가로는 일본(13위), 영국(14위), 호주(15위), 한국(16위) 등이 있으며 중국은 36위를 차지했다.

세계 평균은 0.47이었으며, 대륙별로는 북미가 0.74로 가장 높았고 그다음은 유럽이 0.67, 아시아태평양이 0.52, 남미가 0.43, 중동 및 중앙아시아 0.40, 사하라 이

표 5-3. 디지털 인프라와 인적 자본 분야 AI 준비 지수 순위
출처: IMF(2024a).

순위	디지털 인프라		인적 자본	
	국가	점수	국가	점수
1	싱가포르	0.209	대만	0.195
2	덴마크	0.202	싱가포르	0.195
3	에스토니아	0.202	스위스	0.188
4	홍콩	0.199	에스토니아	0.185
5	뉴질랜드	0.194	독일	0.185
6	오스트리아	0.194	미국	0183
7	룩셈부르크	0.192	뉴질랜드	0.181
8	네덜란드	0.191	덴마크	0.177
9	중국	0.190	사우디아라비아	0.177
10	스위스	0.190	캐나다	0.175

남 아프리카가 0.32였다.

4대 분야별 순위를 살펴보면 디지털 인프라 분야의 경우 싱가포르, 덴마크, 에스토니아가 가장 앞섰고 인적 자본 분야는 대만, 싱가포르, 스위스가 상위에 올랐다. 기술 혁신 분야는 이스라엘, 스웨덴, 한국이 1, 2, 3위를 차지했고 법적 프레임워크 분야는 핀란드, 네덜란드, 룩셈부르크가 정상을 차지했다.

분야별로 상위 10위권에 위치한 유럽 국가를 보면 디지털 인프라 분야에서는 6개국, 인적 자본 분야에서는 4개국, 기술 혁신 분야에서는 4개국, 법적 프레임워크 분야에서는 6개국이 포함되었다. 유럽 국가들은 디지털 인

표 5-4. 기술 혁신과 법적 프레임워크 분야 AI 준비 지수 순위
출처: IMF(2024a).

순위	기술 혁신		법적 프레임워크	
	국가	점수	국가	점수
1	이스라엘	0.191	핀란드	0.230
2	스웨덴	0.184	네덜란드	0.224
3	한국	0.183	룩셈부르크	0.222
4	미국	0.182	뉴질랜드	0.220
5	네덜란드	0.182	에스토니아	0.219
6	일본	0.182	덴마크	0.218
7	덴마크	0.182	미국	0.218
8	싱가포르	0.181	싱가포르	0.216
9	독일	0.179	영국	0.213
10	홍콩	0.175	호주	0.212

프라와 법적 프레임워크 분야에서 강세를 보이고 있음을 알 수 있다.

참고문헌

강석오(2024.11.13). '2024 시스코 AI 준비지수' 발표 … 국내 기업 AI 준비도 작년比 하락. 데이터넷.
https://www.datanet.co.kr/news/articleView.html?idxno=197729

임대준(2024.6.25). 국내 'AI 채택 준비' 세계 16위...IMF, 176개국 AI 준비 지수 발표. AI타임스.
https://www.aitimes.com/news/articleView.html?idxno=161062

Cazzaniga, M., et al.(2024). Gen-AI: Artificial Intelligence and

the Future of Work.
https://www.imf.org/en/Publications/Staff-Discussion-Notes/Issues/2024/01/14/Gen-AI-Artificial-Intelligence-and-the-Future-of-Work-542379
IMF(2024a). AI Preparedness Index.
https://circulodeempresarios.org/app/uploads/2024/06/AI-Preparedness-Index-IMF.pdf
IMF(2024b). AI Preparedness Index Note.
https://www.imf.org/external/datamapper/AIPINote.pdf
IMF AI Preparedness Index(AIPI)
https://www.imf.org/external/datamapper/datasets/AIPI

06
인공지능 기술 수준 지수

정보통신기획평가원(IITP)은 매년 한국을 비롯해 미국, 중국, 일본 등 주요 국가의 ICT 분야별 기술 수준과 기술 경쟁력을 분석하는 보고서를 발간한다. 인공지능을 포함해 이동통신, 네트워크, 클라우드, 컴퓨팅 시스템, 자율주행 자동차, 빅데이터, 지능형 반도체 등 18대 중점 분야별로 상대 기술 수준과 상대 기술 격차를 산출한다.

인공지능 기술 수준이란

한국의 정보통신기획평가원(IITP)은 매년 한국을 비롯해 미국, 중국 등 주요 국가의 ICT 분야별 기술 수준과 기술 경쟁력을 분석하는 보고서를 발간한다. 이 보고서는 한국, 미국, 중국, 일본, 유럽의 이동통신 네트워크, 사물인터넷, SW, 클라우드, 블록체인, 데이터 등 18대 중점 분야별로 상대 기술 수준과 상대 기술 격차를 산출하는데 인공지능도 중점 분야에 포함된다.

ICT 기술 수준 조사는 2009년부터 시작되었는데 인공지능 분야는 '2018년 ICT 기술 수준 조사 보고서'에 처음으로 포함되었으며 2019년부터는 기술 경쟁력 분석을 추가해 현재와 같은 'ICT 분야별 기술 수준과 기술 경쟁력' 형태로 보고서를 발간하고 있다.

정보통신기획평가원은 ICT R&D 지원을 통한 정보통신 기술 및 산업 진흥을 목적으로 과학기술정보통신부 산하 기관으로 설립되어 ICT R&D 기술 개발 전략을 수립하고, ICT R&D 정책 연구와 조사 · 분석, 정보통신 전문 인력 양성, 국제 공동 연구와 사업화 업무를 담당하고 있다.

ICT 분야별 기술 수준 조사 보고서는 ICT 분야별 기술 수준과 논문, 특허 경쟁력 분석을 통해 ICT R&D 정책 수

립 등에 반영하기 위한 목적으로 매년 발간한다. 2023년에 진행된 조사는 2022년을 대상 기간으로 설정해 기초자료 분석과 전문가 심층 평가를 거쳐 18대 분야별로 ICT 기술 수준을 제시했는데 세계 최고 기술국은 미국이며(100점) 그 뒤를 이어 유럽(93.8), 중국(92.2), 한국(90.0), 일본(88.6) 순으로 나타났다.

한국의 ICT 평균 기술 수준은 2021년 89.6에서 2022년 90.0으로 상승했으며, 기술 격차는 전년 대비 0.1년 줄어들었다. 한국의 기술 수준 순위는 2019년 5위에서 2020년 4위로 상승한 이후 이를 유지하고 있다. 인공지능 분야의 상대 기술 수준은 미국을 100으로 놓았을 때 한국은 88.9로 중국(92.5), 유럽(92.4)보다 낮았고 일본(86.2)보다 높았으며 상대 기술 격차는 1.3년인 것으로 나타났다.

평가 체계

ICT 기술 수준 평가 절차는 경쟁력 분석(논문과 특허), 기술 수준 조사(온라인 설문), 전문가 평가, 평가 계량화의 단계를 거친다. 평가 첫 단계인 경쟁력 분석은 논문 경쟁력과 특허 경쟁력으로 구성되어 있다. 논문 경쟁력 분석은 게재일 기준 최근 11년간(2012~2022) ICT 분야

표 6-1. ICT 기술수준평가 절차

출처: 정보통신기획평가원(2023). 2022년 ICT기술수준 조사보고서. p. 6. 그림을 표로 정리.

단계	주요 내용
1. 평가 대상	18대 중점 분야 선정: 이동통신 네트워크, 클라우드, SW, 인공지능, 데이터, 지능형 반도체, 블록체인 등
2. 경쟁력 분석	지표 검증 논문 정보 분석: 논문 활용도, 영향력 등 특허 정보본숙: 특허 활용도, 영향력, 시장력 등
3. 온라인 설문	온라인 설문조사: 대규모 전문가 조사
4. 전문가 평가	전문가 심층 토론: FGD 평가(2회). 분야별 전문가 10명 내외 구성(총 182명)
5. 평가 계량화	점수제 모형: 고든(Gordon) 모형
6. 결과	기술 수준 및 경쟁력: 상대 기술 수준(%), 기술 격차(년), 논문, 특허 경쟁력, 변화 추이(상승, 유지, 하락)

SCI 논문을 대상으로 논문 활용도(논문 비중)와 논문 영향력(피인용 횟수)을 각각 측정하고 가중치를 부여해 합산한다.

특허 경쟁력 분석은 출원일 기준 최근 11년간(2012~2022) ICT 분야 특허를 대상으로 특허 활용도(특허 출원 비중), 특허 영향력(피인용 횟수), 특허 시장력(출원 국가 수)을 측정하여 가중치를 부여한 후 합산한다.

기술 수준 조사는 ICT 기술 분야별 전문가를 대상으로 소분류 기술별 기술 수준 등급 및 동향에 대해 온라인 방식으로 설문조사를 실시한다. 2022년 기준 기술 수준

조사는 2023년 4월부터 5월에 걸쳐 약 5주간 진행되었는데, 한국, 미국, 중국, 유럽, 일본 5개국을 대상으로 289개 소분류별 기술 수준을 세계 최고 수준, 앞선 수준, 중간(보통) 수준, 뒤떨어진 수준의 4등급으로 구분해 평가한다. 기술 수준 동향은 현재 기술 수준의 경향성을 상승, 현상 유지, 하락으로 구성해 평가하며, 기술 수준 변화 양상과 강점 분야 등도 조사한다.

온라인 조사 결과는 평가의 다음 단계인 전문가 심층 평가에 활용된다. 즉 기술 분야별 중분류 기준으로 2명 이상 국내 전문가를 섭외해, 18대 중점 분야별로 10여 명 내외로 전문가 집단을 구성한 후 온라인 조사 결과 등을 참고해 분과별로 기술별 세계 최고 기술 보유국, 세계 최고 기술 보유국 대비 상대적 기술 수준 및 격차, 기술별 중요도 등을 2차에 걸친 심층 토론을 통해 평가한다.

상대적 기술 수준은 세계 최고 수준을 100으로 설정하고 90~99는 이와 동등한 수준, 80~89는 최고 산업 기술국에 근접한 수준, 70~79는 최고 산업 기술국보다 다소 뒤처진 수준, 60~69는 최고 산업 기술국보다 낮은 수준, 59 이하는 최고 산업 기술국보다 아주 낮은 수준을 의미한다.

평가의 마지막 단계는 평가 계량화다. 소분류 기술 수

준 및 격차 평가 결과를 토대로 대·중분류 및 산업 전체의 기술 수준을 산출한다. 상위 특성이 여러 하위 특성의 조합으로 구성될 경우에 사용하는 고든(Gordon)의 정량화 모형(Scoring Model)을 적용하는데 하위 요소들에 가중치를 적용한 뒤 합산해서 상위 특성의 점수를 산출한다.

국가별 순위

한국은 인공지능 분야 기술 수준이 88.9점으로 일본보다는 우위에 있지만 중국이나 유럽보다 낮아 비교 대상국가 중 4위를 차지했다. 희망적인 부분은 최근 5년간 변화 추이로 볼 때 한국의 인공지능 기술 수준이 2018년 81.6점에서 2022년 88.9점으로 상승해 주요국 중 가장 빠르게 발전하고 있다는 점이다(봉강호, 2024).

인공지능 관련 분야인 지능형 반도체 분야는 90.7로 미국(100), 중국(92.3)보다는 낮았지만 유럽(89.9), 일본(85.8)보다는 높은 3위를 차지했다. 클라우드 분야는 89.5점으로 미국(100), 중국(90.8), 유럽(90.5)에 이어 4위를 차지했으며. 컴퓨팅 시스템 분야는 87.5점으로 미국(100), 중국(90.7), 유럽(89.5), 일본(88.7)보다 낮은 최하위를 기록했다.

표 6-2. 2018~2022년 기간 인공지능 기술 수준 변화

출처: 봉강호(2024). 우리나라 및 주요국 인공지능(AI) 기술수준의 최근 변화 추이. 소프트웨어정책연구소. p. 6. 그림을 표로 정리. 2018년 중국 자료는 정보통신기획평가원(2019) 참조.

연도	한국	미국	일본	중국	유럽
2018	81.6	100	86.4	88.1	90.1
2019	87.4	100	88.2	91.8	91.8
2020	87.8	100	87.8	92.5	92.0
2021	89.1	100	86.9	93.3	92.9
2022	88.9	100	86.2	92.5	92.4

표 6-3. 인공지능 관련 분야 기술 수준

출처: 정보통신기획평가원(2023). 2022년 ICT기술수준 조사보고서: p. 18.

분야	한국	미국	일본	중국	유럽
이동통신	97.5	100	94.7	98.5	97.4
네트워크	89.2	100	89.8	93.9	95.1
사물인터넷	93.8	100	89.6	92.5	95.1
SW	91.1	100	88.2	91.3	92.1
클라우드	89.5	100	86.0	90.8	90.5
컴퓨팅 시스템	87.5	100	88.7	90.7	89.5
자율주행 자동차	89.4	100	89.7	95.4	98.3
인공지능	88.9	100	86.2	92.5	92.4
빅데이터	89.2	100	79.9	92.9	87.7
지능형 반도체	90.7	100	85.8	92.3	89.9
블록체인	87.1	100	86.3	89.6	91.2

표 6-4. 인공지능 관련 분야 기술 격차
출처: 정보통신기획평가원(2023). 2022년 ICT기술수준 조사보고서. p. 18.

분야	한국	미국	일본	중국	유럽
이동통신	0.3	0.0	0.7	0.1	0.4
네트워크	1.2	0.0	1.1	0.7	0.6
사물인터넷	0.6	0.0	0.9	0.8	0.5
SW	1.0	0.0	1.3	0.9	0.8
클라우드	1.1	0.0	1.5	0.9	1.0
컴퓨팅 시스템	1.3	0.0	1.1	0.8	1.0
자율주행 자동차	1.0	0.0	0.9	0.6	0.3
인공지능	1.3	0.0	1.5	0.9	1.0
빅데이터	1.0	0.0	2.5	0.8	1.2
지능형 반도체	0.8	0.0	1.4	0.7	1.1
블록체인	1.4	0.0	1.5	1.2	1.0

빅데이터 분야는 89.2점으로 미국(100), 중국(92.9)에 이어 3위를 차지했지만 자율주행 자동차 부문은 89.4점으로 미국(100), 유럽(98.3), 중국(95.4), 일본(89.7)보다 낮아 5위를 차지했다.

데이터 이동 인프라인 네트워크 분야는 89.2점으로 미국(100), 유럽(95.1), 중국(93.9), 일본(89.8)에 못 미치는 것으로 나타났고, 이동통신 분야는 97.5점으로 미국(100), 중국(98.5)의 뒤를 이어 3위를 차지했다.

인공지능 분야 기술 수준 점수를 기초로 최고 수준인 미국과 기술 격차를 산출하면 1.3년으로 나타났다. 인공지능 관련 분야인 지능형 반도체 분야의 격차는 0.8년, 클라우드 분야의 격차는 1.1년이었으며 컴퓨팅 시스템 분야의 격차는 1.3년으로 나타났다. 빅데이터 분야는 1.0년, 자율주행 자동차 분야는 1.0년, 네트워크 분야는 1.2년이었으며, 이동통신 분야는 0.3년으로 18대 ICT 분야 중 기술 격차가 가장 작은 것으로 나타났다.

참고문헌

봉강호(2024). 우리나라 및 주요국 인공지능(AI) 기술수준의 최근 변화 추이. 소프트웨어정책연구소.

정보통신기획평가원(2019). 2018년 ICT기술수준조사 보고서.

정보통신기획평가원(2020). 2019년 ICT기술수준조사 및 기술 경쟁력분석 보고서.

정보통신기획평가원(2023). 2022년 ICT기술수준 조사보고서.

07
책임감 있는 AI 지수

인공지능 기술을 인간에게 유익한 방식으로 개발하고 사용하기 위한 원칙과 실천을 강조하는 책임감 있는 AI(Responsible AI)에 대한 관심이 높아지고 있다. AI 거버넌스 글로벌 센터가 개발한 책임감 있는 AI 지수는 책임감 있는 AI 역량, 인권과 AI, 책임감 있는 AI 거버넌스로 구성된 3대 차원별 19개 지표를 활용해 138개 대상 국가의 점수를 산출한다.

책임감 있는 AI 지수란

인공지능의 성능이 강화되면서 우려의 목소리도 커지고 있다. 특히 챗GPT의 등장으로 일반인도 검색에 인공지능 기술을 활용하는 인공지능 상용화 시대가 되면서 AI 기술을 안전하게 활용할 수 있는 방법에 대한 고민이 깊다. 영국은 2023년 안전과 투명성, 공정성, 책임성을 강조한 AI 규제 백서를 발표했고 미국은 2023년 바이든 대통령이 AI 안전성 평가 의무화, AI 도구의 안전성 표준 마련, 개인 정보 보호 강화 내용을 담은 AI 행정명령을 공포했다. 한국도 개인정보보호법에 "자동화된 결정에 대한 정보주체의 권리"를 신설해 AI 도입에 따른 개인의 권리 강화를 강조하고 있다.

이러한 환경에서 인공지능 기술을 윤리적이고 신뢰할 수 있고, 인간에게 유익한 방식으로 설계, 개발, 배포, 사용하기 위한 원칙과 실천을 강조하는 책임감 있는 AI(Responsible AI)에 대한 관심이 높아지고 있다. AI 거버넌스 글로벌 센터(Global Center on AI Governance)가 개발한 책임감 있는 AI 지수(Global Index on Responsible AI)는 책임감 있는 AI 역량(Responsible AI Capacities), 인권과 AI(Human Right and AI), 책임감 있는 AI 거버넌스(Responsible AI Governance)로 구성된

3대 차원(Dimension)별 19개 지표를 활용해 138개 대상 국가의 점수를 산출한다.

AI 거버넌스 글로벌 센터는 아프리카 지역 최초의 AI 전문 싱크탱크로, 지역에 기반한 인사이트 개발을 통해 AI 기술의 사용과 공평한 AI 거버넌스에 대한 글로벌 영향력을 창출하는 역할을 표방하고 있다.

2024년 발표된 책임감 있는 AI 지수 보고서는 분석 결과를 10대 시사점(Top 10 Takeaways)으로 요약했다. 여기서는 AI 상황에서 인권 보호 메커니즘이 제한적이고, 성평등은 여전히 중요한 격차로 남아 있고, AI의 포용성과 평등 이슈는 해결되지 않고, AI 시스템의 안전, 보안 및 신뢰성을 보장하는 데 큰 공백이 있으며, AI 경제 분야의 근로자는 적절히 보호받지 못하고 있다고 강조했다. 한마디로 요약하면 전 세계적으로 적절한 수준의 책임감 있는 AI를 달성하려면 아직 갈 길이 멀다는 것이다.

평가 체계

책임감 있는 AI 지수 산출은 3개의 차원별로 각기 상이한 개수의 주제 영역으로 구성되어 있다. 책임감 있는 AI 역량 차원은 공공 부문 인적 역량 개발 등 3개 주제로, 인권과 AI는 성평등, 데이터 보호와 프라이버시 등 7개 주제로, 책임감 있는 AI 거버넌스 차원은 국가 AI정책 등 8개 주제 영역으로 구성된다.

모두 19개인 주제 영역별로 점수를 산출하기 위해 2021년 11월부터 2023년 11월까지 대상 국가별로 어떤 조건이 마련되어 있는지, 책임감 있는 AI를 발전시키기 위해 어떤 조치를 취하고 있는지 확인하기 위한 1,862개의 질문(19개 주제 영역별 98개 질문)으로 구성된 전문가 설문조사를 진행했다. 수집된 전체 데이터를 대상으로 품질 평가팀이 검토를 수행했다.

책임감 있는 AI 지수는 3대 차원별로 계산을 하는데 차원별로 구성된 주제 영역 점수를 표준화해 평균을 계산한다. 산출된 3대 차원별 점수는 이를 구성하는 주제 영역 점수의 산술평균을 계산하지 않고 가중치를 적용한다. 가중치는 정부 프레임워크(Government Framework), 정부 조치(Government Actions), 비국가 행위자(Non-State Actors)로 구성한 책임감 있는 AI 생태계의 세 구성요소 관점에서 19개 주제 영역별로 성과를 평가하고, 그 성과에 따라 국가별 계수를 산출한다. 3개 차원별로 가중치를 부여해 계산하면 최종적으로 책임감 있는 AI 점수가 산출되고 순위를 매길 수 있다.

표 7-1. 책임감 있는 AI 지수 구성 체계

출처: Global Center on AI Governance(2024). p. 10. Figure 1.

차원	주제 영역(Thematic areas)
책임감 있는 AI 역량 (Responsible AI Capacities)	경쟁 당국(competitions authorities) 공공 부문 인적 역량 개발 국제 협력
인권과 AI (Human Right and AI)	성평등 데이터 보호와 프라이버시 대중의 참여와 인식 편향되고 불공정한 차별 어린이 권리 노동자 보호와 일할 권리 문화와 언어 다양성
책임감 있는 AI 거버넌스 (Responsible AI Governance)	국가 AI 정책 영향 평가 인간의 감독과 결정 비례성과 해치지 않음 공공 조달 투명성과 설명 가능성 치료 및 복구 접근성 안전성, 정확성, 신뢰성

국가별 순위

2024년 발표한 책임감 있는 AI 지수 산출 결과 1위는 네덜란드(86.16)가, 2위는 독일(82.77)이, 3위는 아일랜드(74.98)가 차지했다. 한국은 36.18로 27위였다.

아시아태평양 주요 국가 중 호주가 10위(56.22), 싱가포르가 11위(53.77), 일본이 12위(52.21)로 한국보다 앞

표 7-2. 책임감 있는 AI 지수 국가별 순위

출처: Global Center on AI Governance(2024). pp. 21-22.

순위	국가	총점	인권과 AI	책임감 있는 AI 역량	책임감 있는 AI 거버넌스
1	네덜란드	86.16	78.74	88.59	91.12
2	독일	82.77	80.30	64.03	90.94
3	아일랜드	74.98	84.11	57.60	73.68
4	영국	73.12	67.59	66.54	79.62
5	미국	72.81	65.37	84.34	74.75
6	에스토니아	67.61	65.85	58.54	72.01
7	이탈리아	61.8	66.34	38.21	66.13
8	프랑스	57.62	39.84	55.17	72.27
9	캐나다	57.39	55.37	57.06	59.07
10	호주	56.22	71.31	31.62	52.67
11	싱가폴	53.77	48.35	52.10	58.54
12	일본	52.21	41.67	44.19	63.07
13	슬로베니아	49.58	51.97	51.35	47.12
14	포르투갈	49.44	54.47	55.89	43.38
15	스위스	48.11	32.92	54.14	57.92
16	스페인	45.08	47.59	48.99	41.82
17	아랍에미리트	44.66	40.58	51.15	45.66
18	브라질	44.42	44.85	35.97	46.90
19	우루과이	44.09	47.20	37.59	43.84
20	핀란드	43.07	36.58	45.69	47.24
27	**한국**	**36.18**	**35.08**	**38.07**	**36.40**

섰고, 중국이 32위(35.3)를 차지했다.

지수 상위 10위권에 오른 나라 중에서 미국(5위)과 캐

나다(9위), 호주(10위)를 제외하면 7개 국가가 유럽권으로 구성되어 책임감 있는 AI 분야는 유럽권이 강세로 나타났다.

차원별로 살펴보면 인권과 AI 차원은 종합 순위 3위인 아일랜드 점수가 가장 높았고 독일, 네덜란드, 영국, 이탈리아 순이다. 책임감 있는 AI 역량 차원은 네덜란드가 가장 높았고 미국, 영국, 에스토니아, 아일랜드 순으로 나타났다. 책임감 있는 AI 거버넌스 차원에서는 역시 네덜란드가 가장 높았고 그다음은 독일, 영국, 미국, 아일랜드 순이었다. 총점 5위권 국가의 차원별 점수 역시 대체로 5위권 내외에 위치하고 있다.

총점 기준 순위 27위인 한국은 인권과 AI 차원은 27위, 책임감 있는 AI 역량 차원은 28위, 책임감 있는 AI 거버넌스 차원에서 34위를 기록해 개선이 필요하다.

참고문헌

Global Center on AI Governance(2024). Global Index on Responsible AI 2024. https://girai-report-2024-corrected-edition.tiiny.site/

Global Center on AI Governance. https://www.globalcenter.ai/who-we-are

08
인공지능과 민주적 가치 지수

스탠포드 AI 지수나 국가 AI 역량 지수, AI 준비 지수 등이 한 국가가 지니고 있는 AI 능력을 측정하는 지수인 데 반해 인공지능디지털정책센터가 발표하는 인공지능과 민주적 가치 지수는 특정 국가의 인공지능 정책과 실천이 민주적 가치와 조화를 이루는지를 측정한다는 점에서 차이가 있다.

인공지능과 민주적 가치 지수란

비영리단체인 인공지능디지털정책센터(Center for AI and Digital Policy)가 인공지능과 디지털 정책을 통해 더 나은 사회를 만들기 위한 목적으로 발표하는 인공지능과 민주적 가치 지수(Artificial Intelligence and Democratic Values Index)는 국가별 인공지능 관련 정책과 실천이 민주적 가치와 조화를 이루는지를 측정하는 지표다.

인공지능디지털정책센터는 인공 지능과 디지털 정책이 더 나은 사회, 더 공정하고 정의롭고 책임감 있는 세상, 즉 기술이 기본권, 민주적 제도, 법치주의에 기반해 사회 포용을 촉진하는 세상을 목표로 2020년에 설립된 독립적 비영리 연구 기관이다. 국가 AI 정책과 관행을 평가하고, AI 정책 리더를 교육하며, AI에 대한 민주적 가치를 증진하는 사업을 수행하고 있다.

스탠포드 AI 지수나 국가 AI 역량 지수, AI 준비 지수 등이 한 국가가 지니고 있는 AI 능력을 측정하는 지수인데 반해 인공지능과 민주적 가치 지수는 특정 국가의 인공지능 정책이 민주적 가치와 조화를 이루는지를 측정한다는 점에서 차이가 있다.

인공지능과 민주적 가치 지수는 2021년부터 발표하

고 있다. 2023년 데이터를 기준으로 작성해 2024년 발표한 보고서는 1,600여 쪽에 달하는 방대한 규모로 평가 대상 국가를 75개국에서 80개국으로 늘리고 국가별로 국가 AI 전략, AI 윤리, AI 관련 정책과 법률 개선, 공중의 참여, 데이터 보호, 알고리즘 투명성, 에듀테크(EdTech), 인권, OECD / G20 AI 원칙 참여, 유네스코의 AI 윤리 권고 지지 현황에 대해 상세하게 기술하고 국가별로 정성적 평가를 기술하고 있다. 2023년판은 기존 평가 지표에 2023년 생성적 AI에 관한 결의안을 추가했고 향후 AI 및 이민, AI 및 형사 사법에 대한 내용을 추가할 예정이다.

인공지능과 민주적 가치 지수는 개별 국가별로 순위를 매기지는 않고 점수에 따라 5개의 등급으로 구분하는데 한국은 캐나다, 일본, 콜롬비아와 함께 80개 평가 대상 국가 중 최상위인 1등급(Tier 1)에 속한다. 한국에 대한 정성적 평가 내용을 보면 AI 정책 분야에서 선도적인 국가 중 하나로 AI를 위한 포괄적인 국가 전략을 채택하고, 강력한 윤리적 프레임워크를 개발했으며, '미래 지향적인' 법적 시스템 구축을 추진했다고 기술한다. 한국은 OECD와 G20의 AI 원칙을 지지하고 유네스코의 AI 윤리 권고 초안 작성 및 이행에 적극적인 역할을 해 왔고, 개인정보보호법을 개정하고 2022년 안면 인식 기술의 적절한 개인정보 활용 원칙 및 기대에 관한 GPA 결의안을 지지했지만, 국가 차원의 안면 인식 사용에 대한 규제가 없는 것은 여전히 해결해야 할 문제로 지적했다.

평가 체계

인공지능과 민주적 가치 지수는 국가별로 상태를 상세하게 설명한 정성적 보고서와 함께 국가 AI 정책과 실천에 대한 등급을 산출하기 위한 평가를 통해 궁극적으로 모든 국가가 신뢰할 수 있고 인간 중심적이며 모든 사람에게 광범위한 사회적 이익을 제공할 수 있는 AI를 실현하도록 장려하는 것을 목표로 한다.

인권과 법치, 민주적 거버넌스 지표에 중점을 두고 OECD와 G20 AI 원칙의 지지 및 이행, 유네스코 인공지능 윤리 권고, 대중의 국가 AI 정책 형성에 참여, 알고리즘 투명성 권리 채택, AI 과제 해결을 위한 독립 기관 설립도 지표에 포함하고 있다. 특허와 간행물, 투자 및 고용 영향은 AI에 영향을 미치는 중요 지표지만 지수에 고려하지 않았다.

인공지능과 민주적 가치 지수는 다른 지수와 비교하면 매우 간단한 구조로 되어 있다. 해당 국가의 인공지능 정책 거버넌스와 글로벌 원칙 준수 여부 등과 관련된 다

표 8-1. 인공 지능과 민주적 가치 지수 산출을 위한 조사 항목
출처: Center for AI and Digital Policy(2024). p. 1541.

번호	조사 내용
Q1	OECD AI 원칙 지지 여부
Q2	OECD AI 원칙 이행 여부
Q3	세계 인권 선언 지지 여부
Q4	세계 인권 선언 이행 여부
Q5	국가 AI 정책 개발에 대중 참여 프로세스 구축
Q6	국가 AI 정책 자료의 일반인 접근 용이성
Q7	국가 AI 감독을 위한 독립적 기관(기구) 보유
Q8	국가 AI 정책에 "공정성", "책임성", "투명성", "법치" 목표 표시 여부
Q9	법에 따라 국가 알고리즘 투명성에 대한 권리 확립
Q10	유네스코의 AI 윤리 권고 지지 여부
Q11	유네스코의 AI 윤리 권고 이행 여부
Q12	국가 데이터보호위원회의 결의안(2018년 AI 및 윤리에 관한 GPA 결의안, 2020년 AI 및 책임에 관한 GPA 결의안, 2022년 얼굴 인식에 관한 GPA 결의안, 2023년 생성형 인공 지능 시스템에 관한 GPA 결의안) 후원 여부

음과 같은 12개 문항에 대한 응답을 기준으로 점수를 산출한다. 각 문항별로 해당이 되면 1점을, 부분적으로 해당되면 0.5점을 부여해 합산한다. 모든 문항에 해당되는 국가는 최대 12점을 받을 수 있고 하나도 해당되지 않으면 최소점인 0점을 받는다.

항목별 해당 여부는 국가별로 관련된 정책 자료가 있는지를 확인해야 하는데 광범위한 온라인 검색 방법을 사용했다. 즉 검색어로 "AI" 또는 "인공지능"과 각 문항

과 관련되는 핵심 단어인 “책임성”, “알고리즘 투명성”, “데이터 보호”, “디지털”, “윤리”, “공정성” 등이 함께 포함한 문서를 검색하는 방법을 사용했다.

검색에 사용되는 언어로는 영어를 기본으로 하고 프랑스어, 독일어, 이탈리아어, 일본어, 한국어, 만다린어, 러시아어, 스페인어, 터키어, 위구르어, 베트남어 등도 포함했으며 비영어 문서의 경우 구글 번역기와 같은 기계번역 도구를 활용해 영어로 번역해 확인하기도 했다. 이러한 경우 보고서에 각주로 표시했다.

국가별 순위

가장 높은 점수를 얻은 나라는 캐나다(11.5), 일본(11.5), 한국(11.5) 세 나라로 콜롬비아(10.5)와 함께 1등급에 분류되었다. 한국은 모든 항목에서 1점을 받았으며 Q12에서 0.5점을 받았다.

벨기에(10.0)와 독일(10.0) 등은 2등급으로 분류되었으며 같은 등급에 속한 노르웨이, 우루과이는 9.0을 받았다. 칠레(8.5), 이스라엘(8.0), 미국(7.0) 등은 중간 등급인 3등급에, 중국(6.5), 싱가포르(6.5), 대만(5.5), 우간다(5.0) 등은 4등급에 속했고, 가장 낮은 등급인 5등급에는 방글라데시(4.5), 태국(4.0), 베트남(3.5), 쿠웨이트(2.5),

표 8-2. 인공지능과 민주적 가치 지수와 국가별 등급

출처: Center for AI and Digital Policy(2024). p. 1541.

1등급 (높음)	2등급	3등급 (중간)	4등급	5등급 (낮음)
11.5~10.5 (4개국)	10.0~9.0 (21개국)	8.5~7.0 (23개국)	6.5~5.0 (12개국)	4.5~2.0 (15개국)
캐나다 일본 한국 콜롬비아	벨기에 독일 이탈리아 포르투갈 스위스 영국 아르헨티나 오스트리아 네덜란드 슬로베니아 스페인 호주 브라질 덴마크 에스토니아 프랑스 아일랜드 리투아니아 노르웨이 폴란드 우루과이	칠레 코스타리카 핀란드 헝가리 케냐 룩셈부르크 뉴질랜드 스웨덴 체코 인도네시아 이스라엘 말타 멕시코 남아공 필리핀 사우디아라비아 터키 홍콩 인도 자메이카 모리셔스 페루 미국	중국 싱가폴 아랍에미리트 말레이시아 르완다 이집트 나이지리아 러시아 대만 도미니카공화국 튀니지 우간다	방글라데시 파키스탄 카타르 트리니다드토바고 가나 태국 푸에르토리코 베트남 바레인 이란 카자흐스탄 쿠웨이트 아제르바이잔 미얀마 베네수엘라

베네수엘라(2.0) 등이 속했다.

참고문헌

인공지능디지털정책센터(Center for AI and Digital Policy)
https://www.caidp.org/

Center for AI and Digital Policy(2023). Artificial Intelligence and Democratic Values 2022.
https://www.caidp.org/reports/aidv-2022/

Center for AI and Digital Policy(2024). Artificial Intelligence and Democratic Values 2023.
https://www.caidp.org/reports/aidv-2023/

09
기업 AI 준비 지수

시스코(Cisco)의 AI 준비 지수(AI Readiness Index)는 개별 기업의 AI 준비도를 측정할 목적으로 종업원 수 500인 이상 전 세계 기업 약 8,000개를 대상으로 전략, 인프라, 데이터, 거버넌스, 인재, 문화의 6대 요소별로 기업의 AI 준비도를 측정한다. 준비도 점수에 따라 기업을 선두주자, 추격자, 추종자, 후발 주자로 구분한다.

기업 AI 준비지수란

인공지능이 최근 몇 년 동안 비즈니스 세계의 지배적인 주제로 부상하면서 기업들이 AI의 기능을 활용하는 방법에 대해 알게 되었지만 생각만큼 준비가 되어 있지 않다는 사실을 깨닫기 시작했다. 시스코(Cisco)의 AI 준비지수(AI Readiness Index)는 개별 기업이 AI에 대해 어떻게 대비하고 있는지, 즉 기업의 AI 준비도를 측정하는 지표다.

시스코(Cisco)는 1984년에 설립된 미국의 통신장비 제조사로 네트워크, 사물인터넷, 유·무선 네트워크 인프라, 사이버 보안, 데이터센터, 클라우드 컴퓨팅 등에 진출했으며 특히 스위치, 라우터 등 유선 통신장비 분야에서 업계 1위 기업이다.

2023년부터 발표하고 있는 AI 준비 지수는 전 세계 종업원 수 500인 이상 기업 약 8,000개를 대상으로 전략, 인프라, 데이터, 거버넌스, 인재, 문화의 6가지 주요 요소별로 기업의 AI 준비도를 측정한다. 준비도 점수에 따라 기업을 선두주자(pacesetters, 완전 준비), 추격자(chaser, 적당한 준비), 추종자(followers, 제한된 준비), 후발 주자(미준비)로 구분한다.

조사 결과 14%의 기업만이 선두주자 그룹에 속하는

표 9-1. 기업 AI 준비 지수별 명칭

출처: Cisco(2024a). p. 5.

명칭(점수)	내용
선두주자 (86점 이상)	AI 도입 및 통합을 위한 준비에 앞장선 조직
추격자 (61~85)	AI 준비 상태가 잘 진행되고 준비도가 평균 이상인 조직
추종자 (31~60)	AI 도입에 박차를 가하고 있지만 준비도가 평균 이하인 조직
후발주자 (30점 이하)	AI 도입 및 통합에 대한 준비가 가장 부족한 조직

것으로 나타났고 전 세계 기업의 절반 이상(52%)이 후발주자(미준비, 4%) 또는 추종자(제한된 준비, 48%)로 나타났다.

조사에 참여한 대부분의 기업(98%)이 AI 도입 시급성이 높아졌다고 응답했지만 기업의 전반적인 AI 준비 수준은 감소한 것으로 나타났는데, AI 잠재력을 활용한 준비가 된 기업이 13%에 불과하며 이는 전년도 조사 결과(14%)보다 하락한 수치였다.

응답 기업들은 AI에 대한 투자에도 불구하고 AI 목표 달성이 충분하지 않다고 느끼고 있는데, 응답자의 50%가 현재 IT 예산 중 10~30%를 AI에 할당하고 있지만 AI 투자가 기대한 만큼의 성과를 거두지 못했다고 밝혔다.

그럼에도 불구하고 기업들은 AI에 대한 투자를 계속 늘릴 것이라고 답했으며, AI 도입 성과가 기대에 미치지 못했다고 응답한 기업 중 59%는 5년 후에 AI 투자 효과가 기대 이상의 성과를 낼 것으로 낙관적으로 전망했다.

평가 체계

AI 준비 지수는 6대 분야(전략, 인프라, 데이터, 거버넌스, 인재, 문화)별 49개의 지표를 조사하고 각 지표에 개별 가중치를 부여해 분야별 점수를 계산한다. 전체 준비도 점수는 각 분야별 점수에 가중치를 적용해 계산하는데 대부분의 지수가 적용하는 방식과 동일하다.

각 지표별 점수는 완전히 충족한 경우에는 100% 점수를 부여하고 부분적으로 달성한 경우에는 25~50%의 점수를 부여했다. 전체 준비도 점수를 산출할 때 6개 분야별 중요도인 가중치는 전략이 15%, 인프라 25%, 데이터 20%, 거버넌스 15%, 인재 15%, 문화 10%를 적용했다. 이는 기업의 AI 준비도 달성에 인프라가 가장 중요한 요소이며 그다음으로 데이터, 전략, 거버넌스, 인재, 문화 순서로 중요하다는 의미다.

AI 준비 지수 산출을 위해 직원 수 500명 이상의 기업에서 AI를 담당하는 7,985명의 고위급 임원을 대상으로 이중맹검(double-blind) 방식의 온라인 인터뷰를 진행했다. 이중맹검 방식은 조사자와 응답자의 기대가 AI 지수 산출에 영향을 미치지 못하도록 조사 목적 등을 명확히 알지 못하게 처리하는 방법이다.

조사 대상 기업은 호주, 브라질, 캐나다, 중국, 프랑스, 독일, 홍콩, 인도, 인도네시아, 이탈리아, 일본, 말레이시아, 멕시코, 네덜란드, 뉴질랜드, 필리핀, 폴란드, 싱가포르, 사우디아라비아, 남아프리카공화국, 한국, 스페인, 스웨덴, 스위스, 대만, 태국, 아랍에미리트, 영국, 미국, 베트남 등 전 세계 30개 국가에서 선정했다.

주요 결과

AI사이버 보안이 중요해지고 있는데, 머신러닝 관련 위협에 대한 이해가 부족한 응답자 비율은 전년도 65%에서 67%로 증가했고 AI 시스템 및 데이터 영역에서 강력한 보안 태세를 갖추지 못한 기업이 전년도 68%에서 72%로 증가했다.

기업은 AI 이니셔티브를 위해 데이터를 효과적으로 관리할 준비가 부족하다고 느끼고 있는데 응답자의 32%만이 데이터 측면에서 AI 기술을 활용할 수 있는 준비를 갖췄다고 대답했다.

숙련된 인재 부족이 주요 과제인데, 응답 기업의 31%만이 AI를 완전히 활용할 수 있는 인재를 갖췄다고 언급했고, 24%는 AI 배포에 필요한 사내 인재가 부족하다고 답했다.

효과적인 AI 거버넌스도 어려워지고 있는데 응답 기업의 51%는 거버넌스 준비도를 개선하기 위한 주요 과제로 '시장에서 AI 거버넌스, 법률, 윤리 분야의 전문성을 갖춘 인재 부족'을 지적했다.

AI를 수용하는 문화 준비 수준도 크게 감소했다. AI가 가져올 변화를 받아들이려는 의지인 '적극적' 또는 '보통' 수준의 수용도 비율이 전년도 82%에서 66%로 하락했고, 응답 기업의 30%는 직원이 AI 도입에 소극적이거나 명백한 거부감을 드러냈다고 답했다.

시스코는 국가별 보고서도 별도로 발간했는데 아시아 태평양 및 일본, 중화권 지역(Asia-Pacific, Japan, and Greater China, APJC)에 속한 14개 국가의 직원 수 500명 이상인 기업의 임원 3,660명을 대상으로 조사해 분석한 보고서에 따르면 한국 기업이 인공지능 기술 수준과 활용도 등에서 아시아 주요국 평균에 크게 뒤처지는 것으로 나타났다.

한국 기업 중 '선두 주자(pacesetters)'로 분류된 기업

표 9-2. 한국의 기업 AI 준비 지수(%)
출처: Cisco(2024b). pp. 4-9.

국가	구분	선두주자	추격자	추종자	후발주자
한국	전체	3	19	69	9
	전략	15	44	38	3
	인프라	6	17	57	20
	데이터	4	17	48	31
	거버넌스	5	18	51	26
	인재	4	20	66	10
	문화	6	19	46	29
APJC	전체	15	33	49	3
	전략	31	48	20	1
	인프라	17	31	46	6
	데이터	14	30	41	15
	거버넌스	17	26	47	10
	인재	15	35	45	5
	문화	9	32	44	15

은 전체의 3%로 전년도 결과인 5%에 비해 낮아졌는데, 아시아 · 태평양 지역 기업 중 선두 주자가 15%인 결과와 비교하면 매우 낮은 수준이다.

부문별로 선두주자가 차지하는 비중을 비교하면 한국은 전략 부분이 15%로 아태지역 국가 평균(31%)의 절반 수준이며 인프라는 6%로 3분의 1 수준(17%), 데이터는 4%, 거버넌스는 5%, 인재는 4%, 문화는 6%에 불과해 아태 국가와 큰 차이를 보였다.

아태 국가와 가장 큰 차이를 보이는 영역은 데이터 분

야다. 한국 응답자의 90%는 AI 프로젝트 데이터의 전처리와 클리닝 과정에서 불일치를 인식하고 있고, 응답자의 81%는 데이터 출처 추적에 개선이 필요하다고 답했다. AI 활용을 위해서는 데이터에 쉽게 접근할 수 있어야 하는데 한국 기업의 8%만이 데이터가 중앙 집중화되어 조직 전체에서 액세스할 수 있다고 답했다. 데이터 분야의 인재 부족도 개선이 필요한데 응답 기업의 94%가 데이터 분야에 적합한 기술과 지식을 갖춘 인재가 부족하다고 답했다(Cisco, 2024b).

한편 AI 도입에서도 한국의 대기업과 중소기업의 격차는 매우 큰데, 국내 중견 이하 규모 기업들은 AI 도입을 원하지만 엄두를 내지 못하고 있는 상황이다(한국경제, 2024).

참고문헌

황동진(2024.11.13). AI 시대 맞을 준비된 韓 기업은 3% 뿐…"아·태 지역 준비 수준 5분의 1". 한국경제.
https://www.hankyung.com/article/202411139921i

Cisco(2024a). Cisco AI Readiness Index
https://www.cisco.com/c/dam/m/en_us/solutions/ai/readiness-index/2024-m11/documents

Cisco(2024b). Cisco AI Readiness Index – South Korea
https://www.cisco.com/c/dam/m/en_us/solutions/ai/readi

ness-index/2024-m11/documents/cisco-ai-readiness-index-kr.pdf

10
인공지능 인식과 이해

보스턴 컨설팅 그룹은 인공지능에 대한 대중들의 인식을 파악하기 위해 2023년 21개국 국민을 대상으로 챗GPT의 인지도와 이용률 조사를 실시했다. 중국이나 태국 등은 긍정적 인식이 높았지만 디지털 경쟁력이 있는 서유럽 국가에서는 우려가 더 높게 나타났다.

챗GPT 인지도 조사

인공지능 개념이 등장한 지 제법 많은 시간이 흘렀고 그간 기대와 실망의 부침을 겪었는데, 최근 생성형 AI 도구가 출시되면서 대중의 관심이 급격히 높아졌다. 글로벌 컨설팅 회사인 보스턴 컨설팅 그룹(BCG, Boston Consulting Group)은 인공지능에 대한 대중의 인식을 파악하기 위해 2023년 전 세계 21개국 국민을 대상으로 챗GPT의 인지도와 이용률에 대한 설문조사를 실시했다. 출시 이후 대중으로부터 많은 인기를 얻은 서비스 중에서 오디오 스트리밍 서비스인 스포티파이(Spotify)가 100만 명의 사용자를 확보하는 데 약 150일이 걸렸고 사진 및 동영상 공유 소셜 네트워크 서비스인 인스타그램이 약 75일 걸린 데 비해 챗GPT는 단 5일이 걸렸다는 것에서도 챗GPT의 인기를 실감할 수 있다.

보스턴 컨설팅 그룹은 1963년 미국인 브루스 헨더슨(Bruce Henderson)이 미국 보스턴에 설립한 세계적인 전략 컨설팅 회사로, 전략 개념을 경영 컨설팅에 처음 도입한 것으로 유명하다(나무위키). 보스턴 컨설팅 그룹은 소비재, 금융 서비스, 의료, 기술 등의 산업 분야를 대상으로 기업 전략, 제품 개발, 조직 설계 및 공급망 관리를 포함한 다양한 컨설팅 서비스를 제공하고 있다.

챗GPT 인식과 이용에 관한 설문조사는 2023년 8월부터 9월까지 실시되었는데 미국과 멕시코 등 북미 지역과 영국, 프랑스 등 유럽, 한국, 중국, 일본, 태국, 인도, 호주 등 아시아태평양, 아랍에미리트, 사우디아라비아 등 중동, 모로코, 남아프리카공화국 등 아프리카 국가를 포함해 21개국 21,000명의 소비자를 대상으로 설문조사를 실시했다. 설문 항목은 AI와 생성형 AI에 대한 인식 수준과 소비자들의 이용률, 정서로 구성했다. 또한 소비자들의 긍정적, 부정적 정서의 원인을 파악하고 직장 내 AI 사용과 관련된 질문을 포함했다.

조사 결과 챗GPT에 대해 들어 봤다고 응답한 한국 소비자는 88%였으며, 26%는 직접 사용해 본 것으로 나타났다. 한국의 챗GPT 인지는 세계 3위로 매우 높았지만 챗GPT를 사용한 경험은 세계 10위로 나타났다.

챗GPT 인지도와 이용률

설문조사에 참여한 국가 전체에서 AI에 대한 소비자들의 인식은 예상보다 높았다. 인도와 아랍에미리트 소비자의 90% 이상이 챗GPT에 대해 들어 본 적이 있다고 응답했고 중국과 사우디아라비아에서는 인식률이 80%를 넘었다.

표 10-1. ChatGPT 인지율과 이용률(%)

출처: Nivedita Balaji et al, 2024. 그림을 표로 재정리.

순위	국가	인지율	순위	국가	이용률
1	인도	93	1	인도	45
2	아랍에미리트	91	2	모로코	38
3	한국	88	3	아랍에미리트	34
4	중국	86	4	아르헨티나	32
4	일본	86	4	브라질	32
4	필리핀	86	4	인도네시아	32
7	아르헨티나	84	7	남아공	31
7	브라질	84	8	필리핀	28
9	인도네시아	83	9	스웨덴	27
9	사우디아라비아	83	10	한국	26
11	프랑스	80	11	미국	23
11	모로코	80	11	터키	23
11	남아공	80	13	영국	22
14	독일	79	13	호주	22
15	호주	75	13	멕시코	22
15	멕시코	75	16	일본	19
15	태국	75	17	독일	18
15	터키	75	17	프랑스	18
15	미국	75	17	중국	18
20	영국	72	17	남아공	18
21	스웨덴	67	21	태국	14

챗GPT 인지도 1위 국가는 인도(93%), 2위는 아랍에미리트(91%), 3위는 한국(88%), 공동 4위는 중국(86%), 일본, 필리핀이 차지했다. 인지도 10위권 국가들은 모두

아시아태평양, 중동, 남미 국가였고 미국과 프랑스, 영국 등은 10위권 밖인 점이 특징적이다.

챗GPT 사용 경험률 1위도 역시 인도(45%)였으며 2위는 모로코(38%), 3위는 아랍에미리트(34%), 아르헨티나, 브라질, 인도네시아(이상 32%)가 공동 4위로 뒤를 이었다. 인지도와 마찬가지로 이용률 10위권 국가들도 모두 아시아태평양, 중동, 남미 국가였고 미국과 프랑스, 영국 등은 10위권 밖으로 나타났다. 인지도에서 4위를 차지한 중국은 이용률에서는 공동 17위를 차지했는데 관심도에 비해 이용 환경이 뒷받침하지 못한 것으로 보인다. 반면 스웨덴은 인지도에서 9위로 나타나 대조를 보였다.

전체 설문조사 응답자의 75%가 챗GPT를 비롯해서 다른 AI 기반 서비스를 이용한 적이 있다고 응답했는데 이용률은 인도, 브라질, 아랍에미리트와 같은 국가에서 더 높았다.

사람들은 다양한 AI 관련 서비스를 사용하고 있는 것으로 나타났는데 설문조사 응답자의 32%가 AI 지원 건강 및 피트니스 앱을 사용한 적이 있고, 응답자 중 28%는 화장품과 같은 품목에 대한 개인 추천 AI 서비스를 이용하고 있으며, 응답자의 28%가 AI 기반 이미지 검색

(Visual Search)을 사용해 구매하려는 품목과 일치하거나 유사한 제품을 찾는 것으로 나타났다. 보고서는 이러한 경향을 개인의 건강, 재정 등 개인의 웰빙을 지원하는 위안(Comport), 개인 선호도를 반영한 맞춤화 추천(Customization), 검색 시간과 노력을 줄이기 위한 편리함 추구(Convenience)로 요약해 '3C'로 표현했다.

인공지능의 영향력 인식

응답자들은 다양한 AI 서비스의 사용에 대해 전적으로 흥미(excited)를 가지고 있다고 답했지만, 일부 응답자들은 흥미와 우려(concerned)가 공존하는 갈등을 느낀다고 답했다.

조사 참가자들에게 일상생활과 직장에서 AI의 영향에 대해 질문한 결과 응답자 39%가 AI 기술이 일상생활을 개선하는 긍정적인 영향을 미친다고 응답했다. 응답자의 60%는 AI가 학습과 교육에 도움이 될 것이라고 답했고 55%는 직장에서도 효율성에 도움을 줄 것으로 예상했다.

동시에 응답자들은 AI에 대해 우려를 나타냈는데, 응답자의 33%는 데이터 보안과 AI의 윤리적 사용에 대해 우려했으며, 30%는 AI가 특정 직무의 근로자를 대체할 가능성을 우려했다.

보고서는 관심과 우려가 공존하는 이러한 현상을 “잘못된 정보(misinformation)-흥미-우려” 곡선이라고 설명한다. 즉 AI를 사용하기 전에 소비자들은 새로운 서비스에 대해 걱정하고 잘못된 정보에 취약한 상황에 놓이는데, 특히 AI는 디지털에 익숙하지 않은 사람들에게는 혼란스러운 기술이다. 이러한 소비자들이 AI에 대해 더 많이 알게 되고, 챗GPT나 AI 기반 쇼핑 추천과 같은 앱을 사용하게 되면 AI가 제공하는 ‘3C’의 가능성에 대해 흥미를 갖게 된다. 하지만 이러한 경험이 많아질수록 처음의 두려움과는 다른 형태의 우려, 즉 AI에 너무 의존하게 되지 않을지, 자신의 직업이 위험에 처하지는 않을지, 자신의 데이터가 유출되지 않을지 등 자신과 결부된 구체적인 미래를 걱정하게 된다는 해석이다.

인공지능에 대한 긍정, 부정 인식

인공지능에 대한 긍정적인 인식이 가장 높은 나라는 중국(긍정 56%, 갈등 35%, 부정 9%)이었고 독일, 미국, 스웨덴, 영국, 프랑스 등은 부정적 인식이 더 많았다.

한국 국민의 인공지능에 대한 인식은 긍정이 36%, 갈등 44%, 우려 20%로 나타나 긍정적 인식이 부정적 인식

표 10-2. AI에 대한 긍정 감정(%)

출처: Nivedita Balaji et al, 2024. 그림을 표로 재정리.

순위	국가	순긍정(A-B)	긍정(A)	갈등	우려(B)
1	중국	47	56	35	9
2	인도네시아	31	49	33	18
3	태국	29	44	41	15
4	사우디아라비아	26	42	43	16
5	멕시코	25	44	37	19
6	인도	25	36	52	11
7	브라질	24	46	32	24
8	모로코	22	44	35	16
9	아랍에미리트	20	37	46	17
10	필리핀	20	38	43	19
11	터키	19	37	46	18
12	아르헨티나	19	43	33	24
13	남아공	18	38	42	20
14	한국	16	36	44	20
15	일본	9	39	31	30
16	독일	-5	34	27	39
17	미국	-10	30	30	40
18	스웨덴	-11	31	28	42
19	영국	-12	31	25	43
20	프랑스	-21	29	21	50
21	호주	-23	26	24	49

보다 훨씬 높았는데 긍정에서 우려를 뺀 순긍정 인식을 기준으로 한 순위는 14위로 나타났다.

디지털 경쟁력이 있는 북미나 서유럽 국가, 즉 지식과

기술에 대한 접근성과 미래에 대한 준비를 갖춘 국가에서는 우려가 더 높게 나타났다. 이러한 국가에서는 직업에 대한 위협이 더 크게 느껴질 수 있는데 이는 해당 기업이 일상적인 회사 운영에 AI를 더 많이 활용하기 때문이다. 반면 디지털 경쟁이 덜 치열한 국가에서는 긍정적 인식이 더 높았는데, 이는 AI가 의료 및 교육 문제 등 저소득 국가에 만연한 사회 문제를 해결할 수 있다는 믿음 때문인 것으로 보인다.

참고문헌

임대준(2024.4.25). '챗GPT' 국내 인지도 세계 3위 미·중·일 보다 사용 경험도 앞서. AI타임스.
https://www.aitimes.com/news/articleView.html?idxno=159208

Balaji, N., et al.(2024). Consumers Know More About AI Than Business Leaders Think. Boston Consulting Group(2024). APRIL 24, 2024.
https://www.bcg.com/publications/2024/consumers-know-more-about-ai-than-businesses-think

Boston Consulting Group.
https://www.bcg.com/about/overview

정용찬

정보통신정책연구원(KISDI) ICT통계정보연구실 선임연구위원, OECD 인공지능지수 전문가그룹(Expert Group on OECD AI Index) 위원이며, 고려대 정책대학원 데이터통계학과 겸임교수다. 현재 국무총리직속 사회보장위원회 행정데이터 전문위원회 위원이며 방송통신위원회 미디어다양성위원회 위원, 한국언론학회 미디어데이터사이언스연구회 회장이다. KISDI ICT데이터사이언스연구본부장, AI데이터융합연구실장, 미래예측분석센터장, 국가통계위원회 데이터분과위원, OECD 디지털경제정책위원회 디지털경제측정분석작업반 부의장을 역임했다. 고려대학교 통계학과와 대학원에서 통계학 학·석·박사 학위를 받았다. 한국국방연구원 선임연구원, DNI컨설팅 이사, 방송위원회 연구센터 연구위원으로 일했다. 문화관광부, 한국언론진흥재단, 한국방송광고진흥공사, 영화진흥위원회, 정보화진흥원, 한국인터넷진흥원, 한국콘텐츠진흥원, 출판문화산업진흥원 자문위원으로 활동했다. 저서로 『마이데이터와 법』(공저, 2022), 『데이터법 이해』(2021), 『인공지능 알고리듬의 이해』(2020), 『통계법의 이해』(2019), 『생각이 크는 인문학 15. 빅데이터』(2018), 『빅데이터』(2013), 역서로 『인공지능 아는 척하기』(2021) 등이 있다. 연구보고서로 "ICT 데이터플랫폼 구축·운영사업"(2024), "데이터기반 미래예측·정책지원 모델연구 IV"(2023), "데이터 경제와 데이터 중립성"(2022), "미중 데이터 패권 경쟁과 대응전략"(2021) 등이 있다.